丛书系国家社科基金重大招标项目《以"两个结合"继续推进马克思主义中国化时代化研究》（项目编号：23ZDA006）阶段性成果

中山大学中共党史党建研究院
理解和推进"第二个结合"丛书

张浩 主编

读懂讲信修睦

姚丽梅／著

人民日报出版社
北京

图书在版编目（CIP）数据

读懂讲信修睦 / 姚丽梅著；张浩主编 . -- 北京：人民日报出版社，2024.9. -- ISBN 978-7-5115-8447-2

Ⅰ . D648

中国国家版本馆 CIP 数据核字第 2024VS0875 号

书　　名：读懂讲信修睦
　　　　　DUDONG JIANGXINXIUMU
著　　者：姚丽梅
主　　编：张　浩

出 版 人：刘华新
策 划 人：欧阳辉
责任编辑：毕春月　孙　祺
装帧设计：新成博创

出版发行：人民日报出版社
社　　址：北京金台西路 2 号
邮政编码：100733
发行热线：（010）65369509　65369527　65369846　65363528
邮购热线：（010）65363531　65363527
编辑热线：（010）65369521
网　　址：www.peopledailypress.com
经　　销：新华书店
印　　刷：北京盛通印刷股份有限公司
法律顾问：北京科宇律师事务所　（010）83622312

开　　本：710mm×1000mm　　1/16
字　　数：160 千字
印　　张：15
版次印次：2024 年 10 月第 1 版　2024 年 10 月第 1 次印刷

书　　号：ISBN 978-7-5115-8447-2
定　　价：49.80 元

如有印装质量问题，请与本社调换，电话：（010）65369463

理解和推进"第二个结合"丛书
编委会

策　划：刘志明

主　编：张　浩

编　委（按丛书顺序）：

罗嗣亮　陶　颖　吴之声　何　旗　吴　瑞　余　斌

黄越泓　骆红旭　贾　茹　邓蒆莛　姚丽梅　罗　楠

总　序

读懂"第二个结合"

在庆祝中国共产党成立100周年大会上，习近平总书记首次提出马克思主义基本原理同中国具体实际相结合、同中华优秀传统文化相结合的重大论断。在党的二十大报告中，习近平总书记对"两个结合"进行了深刻阐述："中华优秀传统文化源远流长、博大精深，是中华文明的智慧结晶，其中蕴含的天下为公、民为邦本、为政以德、革故鼎新、任人唯贤、天人合一、自强不息、厚德载物、讲信修睦、亲仁善邻等，是中国人民在长期生产生活中积累的宇宙观、天下观、社会观、道德观的重要体现，同科学社会主义价值观主张具有高度契合性。"在2023年6月2日召开的文化传承发展座谈会上，习近平总书记再次论及"两个结合"，特别对"第二个结合"进行了充分论述，阐明了马克思主义基本原理同中华优秀传统文化相结合的内在机理，即彼此契合、互相成就，揭示了马克思主义基本原理同中华优秀传统文化相结合对于筑牢道路根基、打开创新空间、巩固文化主体性方面具有重大意义。习近平总书记还强调，

"第二个结合"是又一次的思想解放，是中国共产党对马克思主义中国化时代化历史经验的深刻总结，表明了党在传承中华优秀传统文化中推进文化创新的自觉性达到了新高度。

马克思主义基本原理同中华优秀传统文化相结合的根本原因在于二者的契合性

产生于不同社会环境下的两种思想文化，要想达到相互适应、相互融合的和谐统一状态，彼此之间必须具有高度的契合性，这是促使两种文化有机结合进而造就一个新的文化生命体的根本原因。习近平总书记在文化传承发展座谈会上强调："马克思主义和中华优秀传统文化来源不同，但彼此存在高度的契合性。"这种内在契合性可以体现在宇宙观、社会观、价值观、方法论等方面。

其一，宇宙观的契合性。宇宙观，又可以称为世界观，是人们对于客观存在的物质世界到底是什么以及如何认识客观物质世界的总的看法和根本观点。马克思主义世界观主要指对自然界、人类社会以及人与自然关系的整体看法，是指导人们认识和探索宇宙世界的思想指南。在对自然界的认识上，马克思主义强调自然规律的客观性，认为人类来自自然界，与自然界有着天然的和谐关系，即"人本身是自然界的产物，是在自己所处的环境中并且和这个环境一起发展起来的"[1]。在对物质存在方式的认识上，马克思主义认为，要从物质运动的表现形式出发来认识客观世界，指出："一切存在的基

---

[1]《马克思恩格斯选集》第3卷，人民出版社2012年版，第410页。

本形式是空间和时间，时间以外的存在像空间以外的存在一样，是非常荒诞的事情。"① 马克思主义的自然观和时空观作为世界观的重要组成部分，是马克思主义世界观的思想坐标，是考察人类社会发展规律的理论基础，也是从实际出发考察国家现实发展的思想根据。基于此，坚持一切以时间、地点和条件为转移的方法论成为将马克思主义基本原理应用于具体社会实践的逻辑前提，也为能够同中华优秀传统文化相结合提供了内在根据。

中华优秀传统文化的宇宙观，以"天人合一"为思想内涵，以中国人认识世界和改造世界的时空观为逻辑起点，是世界观借以中国语言的特殊表达。关于对自然的看法，中华优秀传统文化崇尚"天人之际，合而为一"的境界，阐述了"天道"和"人道"的相互关系，提出了人们应当恪守的行为准则。具体而言，"天道"即天地之间万事万物运行的客观规律，"人道"即在人类社会中规范人们行为方式的道德准则和精神品质以及人类社会发展运动的客观规律。二者的关系为"天地与我并生，而万物与我为一"，即人不仅属于自然界的一部分，其本身还需要通过修身养性以达到与自然界和谐统一的境界。对时空的看法，源于对"宇宙"的考察。"宇宙"一词，可追溯至《庄子·齐物论》："奚旁日月，挟宇宙？"《经典释文》引《尸子》之言道："天地四方曰宇，往古来今曰宙。"这表明，"宇宙"作为表述时空的概念，已经为人们所用，其中，"天地四方""往古来今"即是对"时空"的中国话语表达。此外，郭象注《庄子·庚桑楚》提道："宇者，有四方上下，而四方上下未有

---

① 《马克思恩格斯文集》第9卷，人民出版社2009年版，第56页。

穷处；宙者，有古今之长，而古今之长无极。"可以看出，中国古人对于"宇宙"的探索已经达到新的境界，即道出了空间存在的现实性、时间交替的继起性以及时间和空间发展的无限性。这些观点都与马克思主义的时空观高度契合，为同马克思主义基本原理相结合准备了思想条件。

其二，社会观的契合性。社会观指的是关于社会中的人类活动、社会发展的动力因素以及社会发展的趋势方向的整体看法。马克思主义社会观从"现实的人"出发，考察人类社会的实践活动，提出人类社会发展的终极目标和最高理想。在科学实践的基础上，马克思主义社会观以人类社会或社会的人类为出发点和立足点，对人类社会发展动力展开考察，认为人民群众的整体诉求和行动轨迹代表社会发展的方向，是推动社会变革发展的决定力量。由此，在推动社会变革发展的具体实践中，要坚持把人民群众放在至高无上的地位，发挥人民群众改造现存社会、追求理想社会的强大力量。关于理想社会，马克思主义提出人类社会的发展趋势为共产主义社会，即每个人的自由全面发展的美好社会。在这个理想社会中，社会生产力高度发展、物质资料极大丰富、旧式分工彻底消除、阶级对立和剥削压迫彻底消亡、生产资料实现公有，社会关系高度和谐，全体社会成员得到自由全面发展。到那时，全人类有着共同的利益基础，社会成为"真正的共同体"，人们真正摆脱了"人的依赖关系"和"物的依赖关系"，真正实现了每个人的"自由发展"。

中华优秀传统文化的社会观，基于"天下观"的基本理念，倡导"以民为本"的重要思想，将"大同"作为社会发展的终极目标，体现了中国人民家国同构的情怀伦理和对美好社会的向往追求。中华优秀传统文化视黎民百姓为国家根本，其中所蕴含的"民为邦本"思想由来已久。《尚书》载："民惟邦本，本固邦宁。"《孟子·尽心下》提出："民为贵，社稷次之，君为轻。"《荀子·哀公》提出："君者舟也，庶人者水也。水则载舟，水则覆舟。"中华优秀传统文化强调对"民"的重视，并将其丰富和拓展成为中华民族宝贵的精神财富，在一定意义上也成为栽培马克思主义"人民至上"观念的思想土壤。关于未来社会构想，《礼记·礼运》提出的"大道之行也，天下为公"以及对大同社会的描绘，道出中华民族对美好社会的千年夙愿。其中，关于大同社会"矜寡孤独废疾者皆有所养""货恶其弃于地也，不必藏于己；力恶其不出于身也，不必为己"等的描述，实际上体现了人们对于物质资料丰富充裕和社会公有制的追求，这也与共产主义的理想追求有着共通之处，增强了中华民族对马克思主义的认同感。"任人唯贤"出自《尚书·咸有一德》，体现的是重视人才，唯贤是举。马克思主义在确认人民群众在社会历史发展中的主体作用的同时，并不否认少数英雄人物起到的关键作用，这与中华优秀传统文化具有契合性。"为政以德"出自《论语·为政》，"为政以德，譬如北辰，居其所而众星共之"，讲的是统治者和官员要有道德操守，在重视个人品德、遵守政治规则的同时，尽力施行仁政，体现的是正身爱民的思想。"为政以德"是"民为邦本"思想的延伸和在政治上的表现，与"民为贵，社稷次之，君为轻"是相通的，同马克思主义的群众观点和群众路线也是相通的。"讲信修睦"最早出自《礼记·礼运》，核心含义是人与人之间、国与国之间要讲究信用，谋求和睦，强调信用与和睦，涉及人际关系乃至团体、群体的互相交往层面。"亲仁善邻"出自《左传·隐公六年》，"亲仁善邻，国之宝也"，讲的是国家民族间要和平相处，不以邻为壑，这也与中华文明的和平性相一致。"革故鼎新"源于《周易》的《革卦》与《鼎卦》，后世将其合二为一作为成语，意指改变社会上陈旧的、不合时宜的旧事物、旧制度，革除违背世道人心的不良因素，荡涤阻碍历史潮流的瑕秽污渍，它与马克思主义所讲的社会革命思想观点相契合。总之，中华优秀传统文化的社会观中关于人民主体力量和未来理想社会的思想与马克思主义社会观高度契合，为二者有机结合奠定了观念基础。

其三，价值观的契合性。价值观，是人们对于是非曲直的认知、判断和选择，体现着人们对于某种精神境界的追求和向往。马克思主义价值观，坚持以人的自由全面发展为核心目标和最高价值，以个人与社会的辩证统一为基本原则和实践遵循，旨在为绝大多数人谋利益，追求真正的普遍的共同利益。马克思、恩格斯在阐明"人的本质"和"社会关系"的基础上，提出个人与社会关系。立足于"人的本质在于其社会性"的观点，马克思主义认为，个人是社会的一部分，个人应该承担起推动社会发展的责任，个人离开了社会就无法生存。基于此，马克思主义提出集体主义的价值观念和道德原则，认为个人只有实现其社会价值才能实现其个人价值。此外，马克思、恩格斯还进一步指出，在共产主义社会，个人利益与社会利益高度一致，个人在维护社会利益的同时，社会也在保障个人利益，即"每个人的自由发展是一切人的自由发展的条件"[①]。马克思主义这种基于人的本质立场的集体主义价值观念和核心目标,为其同中华优秀传统文化深度融合开拓了道路。

中华优秀传统文化的价值观,有明显的集体主义情感倾向,强调群体高于个体。在宗法制的影响下,古代中国强调个人要遵循社会秩序和等级分配,通过"克己"达到"复礼",以维护封建统治。具体而言,"仁"的价值观念要求人们与人为善,尊重他人,对他人负责;"义"的价值观念要求人们对他人和社会公共利益作出贡献;"礼"的价值观念要求人们遵循社会礼仪,维护社会秩序和规范。中华文明强调的"自强不息",出自《周易·乾卦·大象传》,"天行健,君子以自强不息",意指一个人要有志向,要奋斗上进。"厚德载物"一词,出自《周易·坤卦·大象传》中的"地势坤,君子以厚德载物",指的是人作为天地之间的个体,应当取法于大地,不以个人得失为意,包容万物和他人。从国家层面来看,中华优秀传统文化提倡"苟利国家生死以,岂因祸福避趋之"的家国情怀和"修身、齐家、治国、平天下"的道德追求,认为只有融入社会、忠君报国才是有高尚品德的"君子"。以上种种都体现了中华优秀传统文化对个人的道德要求和行为准则,是中华优秀传统文化价值观的具体彰显。概言之,无论是马克思主义关于人的社会本质和集体主义价值观的思想,还是中华优秀传统文化所讲的个人要遵循社会秩序的观念,都强调个人价值的实现要以社会价值的实现为前提,都认为个人要对社会和集体付出并作出贡献,这鲜明体现了马克思主义

---

① 《马克思恩格斯文集》第2卷,人民出版社2009年版,第53页。

基本原理同中华优秀传统文化在价值观上的高度契合。

其四,方法论的契合性。方法论,是指导人们认识和改造世界、对人们的思维和行为方式产生影响的系统理论。马克思主义方法论,即唯物辩证法,要求人们不仅要从客观现实出发,通过理性思维来认识客观世界,而且要遵循客观规律,发挥人的主观能动性,通过具体实践去改造客观世界。从马克思主义理论的发展历程来看,这一科学理论生成发展的每一步都与实践紧密相连,它从实践中产生,在实践中发展,又反作用于实践并推动新的实践。从马克思主义哲学的任务要求来看,这一哲学思想特别重视实践的重要作用,强调哲学的任务不仅是要改变人们的思维方式、帮助人们理性认识世界,更是要基于此指导人们改变世界。它阐明了实践是全部社会生活的本质的观念,启发人们在社会实践活动中应用科学理论认识。这不仅为人们提高理性认识提供了方法指南,也为无产阶级进行革命斗争提供了实践工具。更重要的是,这种理论和实践相结合的方法论也为马克思主义中国化准备了思想条件和理论前提。

中华优秀传统文化的方法论,以"行"为核心范畴,通过论述"行"与"知"、"行"与"言"、"行"与"学"等的关系,提出"知行合一""言行合一""学至于行"的观念主张。关于"知行合一"的方法论,王阳明主张"尽天下之学无有不行而可以言学者,则学之始固已即是行矣",大意是知识、道理和学问需要通过行为实践才能获得,并强调格物致知、知行合一,这实际上与马克思主义"一切从实际出发"是高度契合的。关于"言行合一"的方法论,《论语·宪问》有曰,"君子耻其言而过其行",提倡人们说话行动要一致,不能纸上谈兵。孔子还提出了考察人的品行的方法论,认为一个人的实际行动是评判其言语和道德的标准,即"听其言而观其行"。这两个观点实际上与马克思主义"实践是检验真理的唯一标准"有相似之处。关于"学至于行"的方法论,《荀子·儒效》讲道,"不闻不若闻之,闻之不若见之,见之不若知之,知之不若行之。学至于行而止矣",即认为听到、见到和了解到都不如自己去实际行动所收获到的,只有真正行动了,知识和学问才真正实现了其价值。从本质上看,这种"学至于行"的求知方法与"实践是认识的目的和归宿"的方法论有着契合之处。

马克思主义基本原理同中华优秀传统文化相结合实质上是一场深刻的"化学反应"

马克思主义基本原理同中华优秀传统文化二者相互契合才能有机结合。那么,二者结合的实质到底是什么?对此,习近平总书记指出:"'结合'不是'拼盘',不是简单的'物理反应',而是深刻的'化学反应',造就了一个有机统一的新的文化生命体。"[①] 这一重要论述深刻揭示了"第二个结合"的实质过程和成果形态,明确指出了二者相遇会产生创造新价值、新思想、新事物的化学反应,同时意味着二者的结合既不是内容的机械拼盘,也不是话语和范畴的简单杂糅,更不是以中华优秀传统文化为主导把马克思主义儒学化,而是经过一次次碰撞、交流、会通而实现螺旋式上升后的有机融合、

---

① 习近平:《在文化传承发展座谈会上的讲话》,《求是》2023年第17期。

血肉相连，乃至基因重组，进而生成新的物质。

其一，深刻的"化学反应"创造了新的文化生命体。马克思主义基本原理同中华优秀传统文化相结合所产生的"化学反应"形态集中体现在二者结合的深度与质变特性上，意味着这种"结合"不仅仅是简单的数的相加或物理拼接，而是通过深入融合和相互作用发生了根本性的变化，形成了全新的文化形态，即"新的文化生命体"。这种新的文化生命体作为马克思主义基本原理同中华优秀传统文化相结合的产物，不仅融合了二者精髓，而且在中国式现代化道路中实现了对中华文明的文化再造和生命更新，为新时代中国特色社会主义文化建设和文艺繁荣不断注入生机与活力，也为中国式现代化不断提供精神力量。在这一新的文化生命体中，马克思主义理论始终具有指导地位，不仅提供了科学的世界观和方法论，而且与中国的历史与实践紧密结合，经过长期的适应、调整和创新，形成了符合中国国情的理论体系和实践路径。通过马克思主义真理之光激活中华文明基因，中华优秀传统文化的价值观、思想精华和人文精神经历了现代化的筛选、提炼和再创造，与马克思主义基本原理相融合，共同塑造了新的文化形态，即中国式现代化的文化形态。

从"结合"的过程来看，马克思主义基本原理同中华优秀传统文化的结合，是一个坚持守正创新且具有鲜明实践导向的过程，不仅代表了中华文明内在包容性、开拓性的发展要求，也代表了马克思主义理论的创新要求、实践要求，从而产生了马克思主义在中国具体的历史与文化中生根发芽、开花结果的必然结果。这一结合过程体现出二者双向互动的机制,即马克思主义的精髓不断激活中华优秀传统文化的根脉,使中华优秀传统文化在新的历史进程中实现创造性转化和创新性发展;同时,中华优秀传统文化的精华也不断充实马克思主义的魂脉,为马克思主义的发展提供丰厚土壤和源头活水。正是在强国建设和民族复兴的宏大叙事与实践支撑下,通过对马克思主义中国化时代化内在机理、深层规律以及中华优秀传统文化的突出特性在长期实践和理论积淀中的揭示,马克思主义基本原理同中国国情、中国历史、中国文化深度融合,马克思主义在中国的文化土壤中扎根,马克思主义基本原理同中国国情相结合的深度和广度不断拓展,马克思主义基本原理同中华优秀传统文化的价值目标和价值立场达成辩证统一。在这一过程中,马克思主义的主导地位不断明确,中华优秀传统文化的世界意义和时代价值不断彰显。正是通过马克思主义同中华优秀传统文化相互作用、相互影响、相互塑造的"化学反应",形成了一个新的文化生命体,既体现了中华文明的深厚基础,也展现了马克思主义的科学性和真理性,推动了中国特色社会主义发展和中华民族现代文明建设。

从"结合"的结果来看,马克思主义基本原理同中华优秀传统文化相结合所产生的新的文化生命体的"果",体现出其"化学反应"不是简单元素的相加,而是深层次的、质的转化,最终诞生了全新的文化形态。在这场"化学反应"中,两种文化的相遇并非平行线的简单交错,而是深度的互渗互融。马克思主义的科学理论与中国传统文化的精神精华相互作用,经过长期的相互影响、相互改造,最终形成了既不同于传统文化的纯粹形态,也不同于马克思主义理论的原初形态，而是形成了一种新的、活的、具有中国特色的社会主义文化生命体。这一"化学反应"过程的特征，首先是选择性的融合。如同化学反应中的催化剂，特定的社会历史条件和实践需求促使这一融合过程选择性地吸收两种文化中最有益于中国社会发展的元素，去粗取精，去伪存真。其次是创造性的整合。不仅仅是物理层面的结合，更重要的是在思想深度和文化精神上的整合与创新，从而产生新的价值观念、思想理念和文化形态。最后是动态性的发展。它不是一次性完成的静态过程，而是随着社会实践的深入、时代需求的变化而持续进行的动态过程，这种文化生命体在不断的发展变化中更加成熟、充实、鲜活。因此，作为结合成果的新的文化生命体所体现的"化学反应"形态，正是在马克思主义的科学指导和中华优秀传统文化的精神滋养下，通过选择性融合、创造性整合和持续的动态性发展，形成的具有中国特色的社会主义文化。新的文化生命体不仅丰富了中国社会的文化景观，也为推进社会主义现代化建设、增强民族文化自信和促进人类文明进步提供了重要精神力量。

其二，深刻的"化学反应"开辟出中华民族现代文明建设之路。马克思主义基本原理同中华优秀传统文化相结合催生了新的文化生命体。这一新的文化生命体不仅重新定义了民族的精神面貌，也为中国式现代化奠定了文化根基。通过深刻的"化学反应"，马克思主义的科学理论与中华优秀传统文化的人文精神相互作用、相互渗透，共同构筑起中华民族现代文明的坚实基础，开辟出一条融合传统智慧与现代科学的现代文明建设之路。

一是重新定义了中华民族现代文明的精神面貌。马克思主义基本原理同中华优秀传统文化深层次、全方位的相互作用与渗透而形成的全新文化形态，对中华民族现代文明的精神面貌产生了深刻影响。马克思主义的科学理论提供了分析社会发展规律的工具，而中华优秀传统文化则赋予了民族精神深厚底蕴，二者的结合为中华民族现代文明提供了发展进程中所需的精神指引和文化自信。马克思主义关于人的自由和全面发展的观点，与中华优秀传统文化强调的和谐、中庸之道等价值观念的融合，形成了促进个人与社会、人与自然和谐共生的现代文明导向，不仅促进了社会的和谐稳定，也激发了个体的创造力和社会责任感，重新定义了中华民族现代文明的精神面貌，使之更加积极向上、开放包容。马克思主义真理之光激活了中华民族优秀基因，深化了中华民族对于文化根源和未来发展方向的自我认知。通过创造性转化和创新性发展，中华传统文化在马克思主义指导下吸收一切先进思想和理念，不仅巩固了自身深厚的文化底蕴，还形成了面向未来的开放态度和创新精神。这种精神面貌的转变，为中华民族在人类现代化历史进程中巩固文化主体性、加强文化创造性提供了源源不断的思想精华和精神动力。

二是为建设中华民族现代文明指明了前进方向。马克思主义的科学理论为建设中华民族现代文明提供了科学的理论指导，为当代中国的物质文明、精神文明、政治文明、社会文明和生态文明的协同发展指明了方向。马克思主义并不是与中国传统文化割裂的外来理论，而是在同中华优秀传统文化相结合的过程中，不断被赋予中国特色和时代内涵，使其能够更好地适应中国的国情和文化背景，从而更好指导中华民族现代文明的发展。马克思主义的科学理论与中华优秀传统文化的人文精神的结合，不仅丰富了中华民族现代文明的科学内涵，也为中华民族现代文明发展进程中遇到的理论与实践问题提供了独特的解决方案。中华优秀传统文化强调的和谐、中庸之道、重视道德和集体利益等价值观，与马克思主义关于社会公平、人的全面发展的理论相结合，形成了具有中国特色的社会主义价值体系，塑造了中华民族现代文明的价值方向，也为处理社会矛盾、促进社会和谐与进步提供了文化基础。马克思主义基本原理同中华优秀传统文化的结合，使中华民族现代文明实现了发展与创新。在文化层面，促进了传统文化的创造性转化和创新性发展，使中华文化在全球化语境下既保持了自身的独特性，又彰显了自身的开放性和包容性；在制度层面，既吸收了马克思主义的科学原理，又融合了中华优秀传统文化的治国理政智慧，形成了中国特色社会主义制度，有效推进了国家治理体系和治理能力现代化。

三是构筑起中华民族现代文明的坚实基础。马克思主义深刻揭示了人类社会发展的基本规律，为中华民族指明了社会主义现代化的基本方向；而中华优秀传统文化所蕴含的深厚人文精神，特别是关于和谐、中庸、仁爱的价值观念造就了民族道德文化的支撑力量，不仅保证了中华民族现代文明建设的科学性和进步性，也确保了其道德性和人文性，塑造了一种富有现代化张力的文明新形态，使古老的中华民族在明德修身上焕发新风貌。这一深刻"化学反应"也在推动着中华文明从传统文明向现代文明的转变，使中华民族不仅在物质层面实现现代化，更在精神和文化层面完成自我超越和接续发展，推动中华文明实现从以农业文明为主导的传统文明向以工业化、信息化、全球化为特征的现代文明的转变，增强文明自觉与文明自信相统一的历史主动。

其三，深刻的"化学反应"实现了又一次思想解放。在马克思主义基本原理同中华优秀传统文化相结合的深刻的"化学反应"中，二者精髓的融合实现了又一次思想解放的历史性跨越。这一结合深植于中国共产党解放思想的历史进程，体现了对党的理论创新经验的总结和对文化发展规律的洞察，同时展现了马克思主义中国化时代化的生动实践。通过这一结合，中华优秀传统文化得到创造性转化和创新性发展，马克思主义在中国的土壤中焕发出新的活力，为中华民族现代文明建设奠定了坚实的理论和文化基础，推动了中华文化在新时代的自信与自强，为中国式现代化探索提供了正确方向和强大动力。

首先，这场"化学反应"推动了对马克思主义与中华文化关系认识的思想解放。这场"化学反应"强调了马克思主义基本原理同中华优秀传统文化之间高度的契合性，打破了二者不可兼容的错误理解，促进了马克思主义文化理论的不断完善和发展。通过将马克思主义基本原理同中华优秀传统文化相结合，不仅为马克思主义在中国的发展注入了新的活力，也为中华文化的现代转型提供了科学指导和理论支持，这一过程本身就是对旧观念、旧文化的一种超越，体现了新时代中国共产党人的思想解放。在新的历史条件下，对马克思主义基本原理同中华优秀传统文化的结合进行时代化的阐释，形成了一系列关于社会主义文化建设的新的理论观点和实践成果，其精华就是习近平文化思想。这不仅为中华民族现代文明建设提供了根本遵循，也实现了思想理论的守正创新，有效推动了中国特色社会主义文化事业的发展。

其次，这场"化学反应"推动了对中国与马克思主义关系认识的思想解放。长期以来，在对中国与马克思主义关系问题的认识上，一部分人片面强调马克思主义科学理论对中国发展的深刻影响，但对中国之于马克思主义理论体系的发展贡献闭口不提。充分肯定马克思主义深刻改变了中国的认识当然是正确的，但停留于这样的认知是不全面的，因为这只看到了问题的一个方面。而"第二个结合"的提出，则使我们认识到马克思主义和中国是互相成就的关系，不仅马克思主义深刻改变了中国，中国也极大丰富和发展了马克思主义，这样的认识才更加全面。马克思主义基本原理同中国具体实际相结合侧重于理论与实践、主观与客观、应用与被应用的关系问题，这一结合做得再好，就其本质而言，也只能体现对马克思主义科学理论的深刻理解和有效运用，无法真正让马克思主义成为中国的。如果说这种结合语境下的"中国"具有明显的受动特质，那么"第二个结合"中的"中国"则表现出强烈的主体能动性。"第二个结合"触及古与今、中与西之间的交流互鉴和融合发展问题。正是通过深刻的"化学反应"，中华优秀传统文化得以进入马克思主义谱系之中，使马克思主义从中华文化沃土中获得丰厚滋养，使身为"舶来品"的先进理论真正内化为中华民族现代文明的有机组成部分，让马克思主义成为中国的。

再次，这场"化学反应"推动了对传统与现代关系认识的思想解放。对于传统文化，过去由于多种因素，有的人往往坚持着这样一种形而上学的偏见：将传统与现代文明机械地对立起来，一提到"传统"就认为是落后的、过时的、陈腐的，而"现代"就是进步的、发展的、时髦的，由此呼吁建设现代文明就必须彻底抛弃传统。事实上，传统与现代之间并非简单的对立或断裂关系，而是有着更为复杂的内在联系，呈现出相互兼容、相互作用的鲜明特征。"第二个结合"在厘清传统与现代关系层面实现了思想解放，凸显了中华优秀传统文化在现代化进程中的地位和价值，要求从连续性和整体性维度考察由传统中国到现代中国的发展演进过程，将中国视为一个连续发展的有机整体。传统与现代是相互影响、相互交融、相互塑造的，中国式现代化强调赓续而非消灭古老文明，是文明更新的结果，而不是文明断裂的产物。"第二个结合"强调以文化底蕴筑牢道路根基，让新时代的道路建设实践有了更为宏阔深远的历史纵深。中国式现代化与中华文明是相互影响、协同推进的，前者赋予后者以现代力量，后者赋予前者以深厚底蕴。

马克思主义基本原理同中华优秀传统文化相结合巩固了文化主体性

马克思主义基本原理同中华优秀传统文化相结合最根本的价值体现在什么地方？对此，习近平总书记在文化传承发展座谈会上指出，"第二个结合"巩固了文化主体性。何为文化主体性？这里的主体性，特指某一主体在文化活动中的重要地位。毫无疑问，这里的主体当然是指中国。因此，文化主体性实质上是指"在文化层面上彰显当代中国作为主体的特殊性质"[①]，是指中国共产党和中国人民对自身文化发展的高度主动权。习近平总书记强调："有了文化主体性，就有了文化意义上坚定的自我。"[②]拥有坚定的自我，更是凸显了中国这个主体在文化活动中的自主性和主动性。"第二个结合"巩固了文化主体性，具体体现为增强了文化自觉、坚定了文化自信、提升了文化自立、推进了文化自强。

其一，增强了文化自觉。何为文化自觉？一般认为，"文化自觉"一词最早由费孝通提出。费孝通认为，文化自觉是指"生活在一定文化中的人对其文化有'自知之明'，明白它的来历，形成过程，所具的特色和它发展的趋向"[③]。他进一步分析，这种文化自觉并不是要复古，也不是要全盘西化，而是为了加强文化转型和文化选择中的主动性以及主动地位。从这一角度来看，"第二个结合"正是如此。它深刻总结文化发展的历史规律，提出文化传承发展的方法，强调守正不守旧、尊古不复古，坚持古为今用、洋为中用，大大增强了中华民族的文化自觉。首先，"第二个结合"是文化传承发展的重要途径和方法。中华优秀传统文化源远流长、博大精深，是中华文化的根脉。但其归根到底是古代小农经济的产物，要使其跟上时代步伐，在当代继续发挥巨大作用，就必须在马克思

[①] 刘同舫：《"第二个结合"与文化主体性的巩固》，《思想理论教育》2024 年第 1 期。

[②] 习近平：《在文化传承发展座谈会上的讲话》，《求是》2023 年第 17 期。

[③] 费孝通：《反思·对话·文化自觉》，《北京大学学报（哲学社会科学版）》1997 年第 3 期。

主义这个魂脉的指导下，实现创造性转化和创新性发展。二者互相作用，互相成就，造就一个新的文化生命体，实现中华文化的新生。其次，"第二个结合"是对文化建设的规律性总结与认识。"第二个结合"不仅是理论逻辑上的必然结论，还是在对近代以来中国文化发展历史进行深刻总结的基础上得出的规律性认识。鸦片战争以后，中国逐步沦为半殖民地半封建社会。面对西方在文化领域的进攻，建立在小农经济基础之上的中国传统文化，在西方先进的资本主义文化面前败下阵来。中国人苦苦寻找文化发展的出路，直到马克思主义传入中国，才逐渐掌握了文化发展的主动权，在精神上由被动转为主动。中国共产党深刻认识到，马克思主义在中国的传播和发展，必须经由一定的民族形式才能够实现，必须同中华优秀传统文化相结合。正是因为坚持"第二个结合"，中国共产党领导人民创造了革命文化和社会主义先进文化，真正推动了中华文化在当代中国的大发展大繁荣。再次，"第二个结合"实现了马克思主义中国化时代化新的飞跃。党的十八大以来，以习近平同志为主要代表的中国共产党人坚持"第二个结合"，立足新时代中国实际，充分汲取中华优秀传统文化中的精华养分，创立了习近平新时代中国特色社会主义思想。从其科学的世界观和方法论，到治国理政的智慧和布局，习近平新时代中国特色社会主义思想闪耀着"第二个结合"的光辉，是中华文化和中国精神的时代精华，实现了马克思主义中国化时代化新的飞跃。

其二，坚定了文化自信。何为文化自信？顾名思义，文化自信就是对自身文化的价值有着高度的认识和肯定，以及对自身文化发展的坚定信心。文化自信是一个国家、一个民族立得住、站得稳、行得远的最大底气。一个民族的文化自信，往往需要经历长期的历史过程，需要经历岁月的反复淘洗和沉淀，需要对自身文化成果有着深刻的总结和继承，还需要对本民族优秀传统文化怀有足够礼敬。"第二个结合"的提出，标志着党的文化自信达到了新的高度。"第二个结合"指出文化自信的重要来源、突出内容和提升路径，大大坚定了中华民族的文化自信。首先，"第二个结合"指出了文化自信的重要来源。习近平总书记指出："中华优秀传统文化是中华文明的智慧结晶和精华所在，是中华民族的根和魂，是我们在世界文化激荡中站稳脚跟的根基。"[1] "第二个结合"充分肯定了中华优秀传统文化的重要作用，指出中华优秀传统文化是我们民族的自信之基、力量之源，是中华文明数千年来生生不息的精神力量，是中华民族历经千难万险依然屹立于世界民族之林的精神支柱。其次，"第二个结合"指出了文化自信的突出内容。中华优秀传统文化中丰富的哲学智慧、历史经验、人生价值、治国理念，是中华文明特有的精神标识，充分体现了中华民族自强不息的奋斗精神和饱含智慧的无穷创造力。再次，"第二个结合"揭示了文化自信的提升路径。要立足中华民族伟大历史实践和当代实践，坚持用中国道理总结好中国经验，加快构建中国特色哲学社会科学；坚持把中国经验提升为中国理论，不断推进马克思主义中国化时代化；坚持用中国理论回答好中国问题，为新时代中国特色社会主义伟大实践提供科

---

[1] 《习近平关于社会主义精神文明建设论述摘编》，中央文献出版社2022年版，第236页。

学理论指导。

其三，提升了文化自立。何为文化自立？立，就是要立足和扎根中国大地。文化自立就是强调作为文化主体的中国共产党和中国人民，以中国的优秀传统文化为滋养，以中国的社会实践为根据，排除外来因素的侵蚀和干扰，独立自主发展自己的先进文化。"第二个结合"坚持马克思主义指导，坚持从中国实际出发，充分运用中国传统智慧和文化资源，推动新时代文化发展，帮助我们党牢牢巩固文化领导权，大大提升了中华民族的文化自立。首先，"第二个结合"巩固了马克思主义在意识形态领域中的指导地位。马克思主义是我们立党立国、兴党兴国的根本指导思想，但是马克思主义不是一成不变的教条，它必须随着时代的发展而发展，才能始终保持旺盛生命力；必须结合当地的历史文化条件，才能更好地在本土扎根、传播，保证其作为指导思想的重要地位。"第二个结合"坚持守正创新，用中华优秀传统文化充盈、丰富了马克思主义，推动了马克思主义中国化时代化，使其更能符合中国实际，更能为中国人民所接受、领悟和掌握。这在根本上巩固了马克思主义在意识形态领域的指导地位。其次，"第二个结合"加强了中国共产党和中国人民作为文化主体的实践主动性。党的十八大以来，以习近平同志为核心的党中央科学总结中华文化发展历程，深刻洞悉中华文化发展大势，作出一系列关于文化建设的重要论述，并团结带领全国人民加以实践：强调必须坚持自信自立，中国的问题要立足中国实际，由中国人民自己来回答；强调必须加快构建中国特色哲学社会科学，必须体现继承性、民族性，充分利用好中华优秀传统文化资源，在吸收升华的基础上，使民族性更符合当代中国实际和人类发展要求；强调中国式现代化是赓续古老文明的现代化，而不是消灭古老文明的现代化，是从中华大地长出来的现代化，不是照搬照抄其他国家的现代化；等等。再次，"第二个结合"抵御了各类错误思潮的侵扰。习近平总书记指出："我们的同志一定要增强阵地意识。宣传思想阵地，我们不去占领，人家就会去占领。"[①] 面对各式各样的社会思潮、相互碰撞的价值理念、激烈变化的传播态势，"第二个结合"为我们坚持正确的文化建设方向，抵御各类错误思潮的侵扰提供了强大的思想武器：反对任何形式的文化复古主义，坚持推陈出新、革故鼎新；反对文化全盘西化论，正确对待西方文化，吸收人类文明一切有益成果，为我所用；反对西方在意识形态领域的和平演变，坚守社会主义文化建设的正确方向，增强中华文化在国际上的影响力。

其四，推进了文化自强。何为文化自强？进入新时代，中国人民迎来了从站起来、富起来到强起来的伟大飞跃。要真正实现强起来，不仅在物质层面要强，在精神层面也要强。文化自强，就是指中华民族依靠自己的努力，使自身在精神文化领域强起来。"第二个结合"是我们党对中华文明发展规律的深刻把握，为我们提供了一条在精神层面实现强起来的正确路径，为我们担负起新的文化使命指明了正确方向，大大推进了中华民族的文化自强。首先，"第二个结合"对推动文化繁荣有重要意义。勤劳勇敢的中国人民创造

---

① 《习近平关于社会主义精神文明建设论述摘编》，中央文献出版社2022年版，第67页。

了灿烂辉煌的中华文化，开创了文化繁荣的美好景象。中华优秀传统文化滋养了一代代中国人，塑造了中国人的精神气质，满足了中国人的精神需求。如今，在新时代推进文化发展繁荣，中华优秀传统文化依然存在巨大价值。"第二个结合"将中华优秀传统文化的巨大价值充分彰显和发挥出来，使之与现代社会相适应，与社会主义核心价值观相协调，与当今时代发展与人民需求相符合，为社会主义文化大发展大繁荣提供源源不绝的养分。其次，"第二个结合"对建设文化强国有重要意义。习近平总书记指出，要"推动中华优秀传统文化创造性转化、创新性发展，继承革命文化，发展社会主义先进文化，不断铸就中华文化新辉煌，建设社会主义文化强国"[①]。国家的强盛，既要看经济军事等硬实力，也要看文化软实力。建设社会主义文化强国，是全面建设社会主义现代化国家的题中应有之义，而"第二个结合"是建设社会主义文化强国的重要途径。中华优秀传统文化中刚健有为、自强不息的精神气质激励着一代代中国人面对困境百折不挠，是刻在中国人骨子里的文化基因。今天，面对艰巨繁重的建设任务，中华优秀传统文化依然是中国人迎难而上的动力之源，"第二个结合"为建设文化强国提供了坚实的历史文化基础。再次，"第二个结合"对建设中华民族现代文明有重要意义。习近平总书记指出："中华优秀传统文化是中华文明的智慧结晶和精华所在，是中华民族的根和魂，是我们在世界文化激荡

[①] 《习近平关于社会主义精神文明建设论述摘编》，中央文献出版社2022年版，第30页。

中站稳脚跟的根基。"① 建设中华民族现代文明，是推进中国式现代化的必然要求。中国式现代化是赓续古老文明的现代化，而不是消灭古老文明的现代化。要赓续古老文明，就必须使中华文明从适应自然经济的传统状态转变为适应工业社会的现代状态。"第二个结合"打通了中华优秀传统文化与现代文明相适应的关键渠道，使传统的成为现代的，更好地构筑起中国精神、中国价值、中国力量。

文化兴则国运兴，文化强则民族强。当今世界正经历百年未有之大变局，"源浚者流长，根深者叶茂"。站在历史的交汇点，在全面建成社会主义现代化强国、实现第二个百年奋斗目标的新征程上，我们应充分认识中华优秀传统文化的重要价值，坚定文化自信、历史自信，大力推进中华优秀传统文化的研究与传承。要坚持马克思主义理论的科学指导，透过表象看历史，深入挖掘中华优秀传统文化的精神标识和文化精髓，把马克思主义基本原理同中华优秀传统文化精髓融会贯通，进行创造性转化和创新性发展，赓续中华文脉，谱写当代华章。要深刻把握中华优秀传统文化的当代价值，充分发挥中华优秀传统文化的引领作用，把马克思主义基本原理同中国具体实际、同中华优秀传统文化相结合，坚定不移推进马克思主义中国化时代化，在守正中创新，在传承中发展，讲好"第二个结合"故事，更好推进中华民族现代文明的发展。

在中华人民共和国成立 75 周年、中山大学成立 100 周年之际，中山大学中共党史党建研究院组织专家学者撰写的理解和推进"第

---

① 《习近平关于社会主义精神文明建设论述摘编》，中央文献出版社 2022 年版，第 236 页。

二个结合"丛书的出版，具有重要的政治意义和纪念意义。同时，这套丛书是国家社科基金重大招标项目《以"两个结合"继续推进马克思主义中国化时代化研究》（项目编号：23ZDA006）阶段性成果，具有一定的学术意义。

希望这套丛书在深化对党的二十大精神、文化传承发展座谈会精神和习近平文化思想研究阐释方面立新功，在深化对"第二个结合"研究方面谋新篇，在推动讲好中华优秀传统文化故事、中国共产党故事等方面探新路。

是为序。

张 浩

中山大学中共党史党建研究院执行院长

目　录

第一章 / 001
讲信修睦的思想渊源

第一节　讲信修睦思想的原始萌芽 …………………………… 004

第二节　讲信修睦思想的形成过程 …………………………… 008

第三节　讲信修睦思想的发展巩固 …………………………… 051

第二章 / 063
中国古代对讲信修睦的实践

第一节　以信立身 …………………………………………… 065

第二节　以信齐家 …………………………………………… 087

第三节　以信建业 …………………………………………… 098

第四节　以信治国 …………………………………………… 117

第三章 / 143
马克思主义诚信观与讲信修睦的契合性

第一节　马克思主义诚信世界观与讲信修睦思想的契合性……… 147

第二节　马克思主义政治诚信观与讲信修睦思想的契合性……… 149

第三节　马克思主义道德教育诚信观与讲信修睦思想的契合性…… 158

第四节　马克思主义经济诚信观与讲信修睦思想的契合性……… 162

第四章 / 165
中国共产党对讲信修睦的传承与发展

第一节　坚持实事求是的思想路线……………………………… 168

第二节　坚持为人民服务的群众路线…………………………… 170

第三节　坚持忠诚老实的革命品质……………………………… 181

第四节　坚持德法兼治的社会诚信建设………………………… 190

第五节　坚持平等互信的外交理念……………………………… 198

第一章

讲信修睦的思想渊源

第一章
讲信修睦的思想渊源

"讲信修睦"一词出自西汉学者戴圣所编的《礼记·礼运》，原文借孔子之言描述了儒家"大同"理想社会的基本特征："大道之行也，天下为公，选贤与能，讲信修睦。"[①] 在大道得到普遍施行的时候，天下为世人所共有，以贤良且有才华的人来治理社会，人人皆讲诚信，处处均谋和谐。可见，讲信修睦是理想社会的重要组成部分。

就文字考释而言，《说文解字》释义，"信，诚也。人言则无不信者，故从人言"；"睦，目顺也"，"一曰敬和也"。从字义上看，"信"与"诚"在很早便有互文的关系，"讲信"意指一个人说话诚实无伪，并能够获得他者的信任；"修睦"则是对一种彼此尊重友爱、和睦共处的关系的提倡与追求。

再从词语逻辑上说，"讲信"可理解为一种方式、手段或途径，"修睦"则更倾向于表达对建立一种理想关系的意愿，是方法与目标的关系。因此，讲信修睦思想的重点，便主要集中在对"信"的理解与实践当中。我们可以从古代思想史中提炼、梳理出相关内容，以便更好地理解讲信修睦思想在中华优秀传统文化中的起源与发展脉络。

[①]《十三经注疏》整理委员会整理，李学勤主编：《十三经注疏·礼记正义》上、中、下，北京大学出版社1999年版，第658页。

第一节　讲信修睦思想的原始萌芽

从文字考释来看,"信"与个人言行及信任关系有关。据此可以推断,"信"最初是一种维持人们生产生活秩序的道德规范。

我们也可以从现存的文献记载中,描摹出"讲信"文化在先秦社会生活中的体现。

祭祀须虔信。人类社会早期多信奉鬼神,祭祀仪礼是当时沟通天人的主要方式,故而十分慎重。《尚书·太甲》载曰:"鬼神无常享,享于克诚。"[1] 说的便是先秦时期"信"在原始宗教生活中的体现:鬼神不只系于一人,只有诚信者才能让神明享用奉祀并给予庇佑。

君主须惇信。上古时期有"传贤不传子"的禅让制度,推选首领最为看重才能与品行。商周虽奉行"君权神授",但也十分强调"以德配天",只有品德高尚的君主,才能建立王权,"信用昭明于天下"[2],使四方臣服。那么,一位贤明的君主应当拥有怎样的品质呢?以五帝之一尧为例,《尚书·尧典》说,像帝尧这样的上古明君,"钦、明、文、思、安安,允恭克让"[3],敬事节俭、洞察世事、善治天下、谋略深远、温厚宽和、诚信恭谨而能让贤,进而才能"光被四表,格于上下"[4]。《尚书·仲虺之诰》形容商汤不沉溺

---

[1] 王世舜、王翠叶译注:《尚书》,中华书局2012年版,第405页。
[2] 王世舜、王翠叶译注:《尚书》,中华书局2012年版,第315页。
[3] 按《说文解字》,"允,信也"。
[4] 王世舜、王翠叶译注:《尚书》,中华书局2012年版,第5页。

第一章
讲信修睦的思想渊源

于声色,不肆意敛财,赏罚有度,用人不疑,宽厚仁爱,能向民众展现其诚信,"彰信兆民"①,是有德的天命之人,所以其伐夏具有了正义性。周成王在巡视诸侯国时,也告诫卿士要"恭俭惟德、无载尔伪"②。假若不能惇信明义、崇德报功,而是像蚩尤那般罔顾法制、滥用酷刑,那么将"民兴胥渐,泯泯棼棼,罔中于信,以覆诅盟"③,即导致民怨渐起,纷纷攘攘,诚信丧失,最终背叛盟约。可见,诚信是优秀君主所必须具备的品质,失德引起的失信是国家颠覆的重要原因。

盟誓须守信。盟誓是先秦社会一种独特的文化现象。在人类社会的发展过程中,当人与人、各氏族部落、天子与诸侯国、各诸侯国等不同群体因相同的利益或目标需要缔结关系时,为了巩固彼此间的信任,往往会立下盟誓。早期的盟誓多以口头相约,以神灵为证诅咒起誓,重大场合则有三牲祭拜、歃血结盟等仪式,周朝甚至还有专门掌管盟约相关辞令礼仪的官职——"司盟"。与后世具有强制性效力的法律契约不同,盟誓对缔约者的约束多建立在原始宗教信仰和道德力量的基础之上,当盟誓有信力时,它在社会生活中的作用是普遍而显著的。

小如人与人之间的交往,譬如婚恋关系,先秦时已有起誓以示忠贞的风俗。在《诗经·王风·大车》中,主人公为表达自己与爱人私奔、争取婚姻自由的决心,是这样立誓的:"榖则异室,死则同

---

① 王世舜、王叶翠译注:《尚书》,中华书局2012年版,第380页。
② 王世舜、王叶翠译注:《尚书》,中华书局2012年版,第471页。
③ 王世舜、王叶翠译注:《尚书》,中华书局2012年版,第319页。

穴。谓予不信，有如皎日！"① 意思是生不能共一室，死也要同一穴，如若你不信，我可以对天发誓，并请昭昭朗日来作证。但海誓山盟也不一定都能兑现，如《诗经·卫风·氓》中便有女子对爱人背信弃义的控诉："信誓旦旦，不思其反。反是不思，亦已焉哉！"②

大如政治军事活动，也常常用盟誓来凝聚民心、团结力量。《尚书》中收录的《甘誓》《汤誓》《费誓》《秦誓》便都是战前的誓师辞。以《汤誓》为例，这是商汤讨伐夏桀，即将挥师于鸣条之野时向将士所作的动员令，先是陈述了夏桀的罪行与伐夏的正义性、必然性，接着商汤便起誓道："尔尚辅予一人，致天之罚，予其大赉汝！尔无不信，朕不食言。尔不从誓言，予则孥戮汝，罔有攸赦。"③ 一方面号召众将士勠力同心，辅佐自己讨伐夏国、降行天罚，并承诺在战后论功行赏，请大家相信自己一定不会食言；另一方面明确指出倘若有将士不听从指令、违背誓言，那么也定会将其降为奴隶或加以刑戮，决不宽恕。在这种重要的盟誓中加入赏罚的允诺，可谓恩威并施，增强了其感召力与可信度。

盟誓有大小之分，口头相约者多为誓，结盟则往往需要歃血杀牲。《谷梁传》说："诰誓不及五帝，盟诅不及三王。"④ 在淳朴的上古原始社会，人言为信，以有贤德者为首，民众天然地信任并追随他，所以五帝并不需要立誓便可以统领部落。至夏商周三代，王权鼎盛，

---

① 程俊英撰：《诗经译注》，上海古籍出版社2004年版，第113页。
② 程俊英撰：《诗经译注》，上海古籍出版社2004年版，第90—93页。
③ 王世舜、王翠叶译注：《尚书》，中华书局2012年版，第98页。
④ 《十三经注疏》整理委员会整理，李学勤主编：《十三经注疏·春秋谷梁传注疏》，北京大学出版社1999年版，第26页。

第一章
讲信修睦的思想渊源

天子具有无上的权威，凭其信誉便可使四方臣服，可谓一言九鼎。直到周王室衰微，诸侯国崛起，王权已不足以维持社会的稳定，诸侯之间便通过结盟来形成新的政治秩序。盟诅较诰誓有着更为复杂的仪式，包括杀牲告神、歃血起誓等，有些还有正式的盟文，本质是通过庄重繁复且带有宗教神秘性质的外在形式，来缔结具有威慑力和约束力的契约关系。

有学者认为，盟诅的发展反映出社会诚信的缺失，如《谷梁传》便指出："盟者，不相信也，故谨信也。"[①] 结盟的人正是因为彼此互不信赖，所以才需要以庄重严谨的形式来宣告建立互信关系。《礼记·檀弓下》载曰："殷人作誓而民始畔，周人作会而民始疑。"[②] 明代学者徐师曾在分析"盟"这种文体时指出："三代盛时，初无诅盟，虽有要誓，结言则退而已。周衰，人鲜忠信，于是刑牲歃血，要质鬼神，而盟繁兴。"[③] 然而，一旦诚信崩塌，仅靠盟誓也难以长久维系，失序和混乱便在社会的方方面面体现出来。《诗经》中便有不少篇章描绘了春秋时期社会混乱的景象，如"此邦之人，不可与明（盟）"[④]，"君子屡盟，乱是用长"[⑤] 等。《左传》还记载了一件事，鲁哀公十四年（前481年），小邾国的士大夫射，携句绎这座城池投奔

[①]《十三经注疏》整理委员会整理，李学勤主编：《十三经注疏·春秋谷梁传注疏》，北京大学出版社1999年版，第117页。

[②]《十三经注疏》整理委员会整理，李学勤主编：《十三经注疏·礼记正义》上、中、下，北京大学出版社1999年版，第311页。

[③]〔明〕吴纳、〔明〕徐师曾，于北山、罗根泽校点：《文章辨体序说 文体明辨序说》，人民文学出版社1962年版，第124—125页。

[④] 程俊英撰：《诗经译注》，上海古籍出版社2004年版，第296—297页。

[⑤] 程俊英撰：《诗经译注》，上海古籍出版社2004年版，第331—333页。

鲁国,指名让子路来作担保,而不需要鲁国的盟誓。子路推辞了此事,季康子派冉有转告子路:"千乘之国,不信其盟,而信子之言,子何辱焉?"① 子路一诺敌国,固然展现了子路本人的正直可信,但也反映出当时一国之盟的信用何其薄弱。

或是有感于此,孔子、左丘明等思想家,一方面越来越意识到诚信对于国家兴亡的重要性:"信,国之宝也,民之所庇也,得原失信,何以庇之?所亡滋多"②。另一方面则开始思考如何重建诚信及恢复和谐的社会秩序,这也是讲信修睦思想逐步发展和完善的开端。

第二节 讲信修睦思想的形成过程

春秋战国时期,王权式微,诸侯征战,社会混乱。为解决不断涌现的社会问题,许多优秀的思想家各抒己见,形成儒、道、墨、法等诸多学派。讲信修睦思想正是在这样的历史背景下形成并发展起来的。

---

① 杨伯峻编著:《春秋左传注》第六册,中华书局2016年版,第1878页。
② 杨伯峻编著:《春秋左传注》第二册,中华书局2016年版,第476页。

第一章
讲信修睦的思想渊源

一、儒家关于讲信修睦思想的阐释

儒家关于讲信修睦思想的阐释可分为三个阶段,第一阶段以孔子为代表,第二阶段以思孟学派为代表,第三阶段以荀子为代表。

(一)孔子

《论语》是记录孔子思想主张的经典著作,其中虽未对讲信修睦进行系统性阐释,但其中关于"信"的论述为后儒深入探讨讲信修睦思想奠定了基本方向。

一方面是关于"信"在人伦道德体系中的地位与作用。正所谓"好仁者,无以尚之"[1],"仁"是孔子所倡导和追求的人生最高道德境界。子张曾问仁于孔子,孔子答曰:"能行五者于天下为仁矣"[2],要达成"仁",便要践行五种品德,即"恭、宽、信、敏、惠"。"恭则不侮,宽则得众,信则人任焉,敏则有功,惠则足以使人"[3],为人恭恪则不致遭人侮谩,为人宽厚则会受众人拥戴,为人诚信则可得他人任用,为人勤敏则能取得功绩,为人慈爱仁惠则能够领导他人。孔子将"信"作为成就"仁"的必要条件之一,把"信"放在一个比较高的道德评价上。

孔子还和弟子们就"信"在不同社会关系中的作用展开多角度的论述。

---

[1] 〔宋〕朱熹撰:《四书章句集注》,中华书局1983年版,第70页。
[2] 〔宋〕朱熹撰:《四书章句集注》,中华书局1983年版,第177页。
[3] 〔宋〕朱熹撰:《四书章句集注》,中华书局1983年版,第177页。

例如，就个人修养而言，孔子认为立信是立人的基础，也是为人处世所要遵循的规则之一，"人而无信，不知其可也"，若无诚信，则如同"大车无輗，小车无軏"①，人之行事就无所依傍。要成为君子，需"义以为质，礼以行之，孙以出之，信以成之"②，以"义"作为根本，并通过礼加以推行，以谦逊的态度加以表达，再以诚信的行为来完成，这便是君子。孔子多次强调君子应"主忠信"③，"忠信"即行事尽心竭力、为人言而有信。曾子所说的"吾日三省吾身"，就包括"忠""信""习"④三个方面——每日自我反省为人谋事是否尽心竭力，与朋友交往是否诚实有信，传道授业是否经过反复钻研和演习。

又如，诚信是通达四方的行事准则之一。据文献记载，孔子受困于陈国、蔡国之间时，其弟子子张十分关切如何通行自救的问题，孔子告诉他："言忠信，行笃敬"，只要言语忠诚信实、行为笃厚敬慎，即便在南蛮北狄之地也是可行的；若是言语不忠诚信实、行为不笃厚敬慎，那么就算在本乡本土，能行得通吗？当你站着时，就好像看见"忠、信、笃、敬"立于眼前；当你在车上时，就好像看

---

① 见〔宋〕朱熹撰：《四书章句集注》，中华书局1983年版，第59页。朱熹解释说："大车，谓平地任载之车。輗，辕端横木，缚轭以驾牛者。小车，谓田车、兵车、乘车。軏，辕端上曲，钩衡以驾马者。车无此二者，则不可以行，人而无信，亦犹是也。"人如果没有信用，就好比失去了关键部件的大车小车，是无法行驶的。

② 〔宋〕朱熹撰：《四书章句集注》，中华书局1983年版，第165页。

③ 〔宋〕朱熹撰：《四书章句集注》，中华书局1983年版，第115页。

④ 曾子曰："吾日三省吾身：为人谋而不忠乎？与朋友交而不信乎？传不习乎？"（《论语·学而》）

第一章
讲信修睦的思想渊源

见这四个字立于车前横木之上，这样才能处处行得通。于是，子张便将"忠、信、笃、敬"四个字写在束腰的大带子上。① 颜回在出门西游之前也曾请教孔子如何安身立命，孔子的回答："恭敬忠信，可以为身"，为人谦恭，就不会得罪众人；做事认真严谨，就会受人爱戴；对人尽心尽责，人们就会与之结交；为人诚信，人们就会放心倚仗。能得人爱之、与之、恃之，必能远离祸患，保全家国，更何况只是安身立命？② 在孔子看来，为君子者，凡事尽心，态度认真，诚实守正，便是人际交往最好的通行证，这是放诸四海而皆准的道理。其中，诚信更是建立人与人之间信任关系的第一块"试金石"，苏辙在《论语拾遗》中也说："金石之坚，天地之远，苟有诚信，无所不通。"

再如，处理人与人之间的关系时，"信"最常见于朋辈之间的交往要求。颜渊、子路等人曾与孔子讨论各自的志向与心愿，当问及孔子时，孔子说希望"老者安之，朋友信之，少者怀之"③，即年老者能得到安养，朋友间能相互信任，年少者能获得关怀。朋友间信任关系的建立，是孔子和谐社会理想的重要基础。孔子的弟子对此亦有所阐述，如子夏将"与朋友交，言而有信"纳入夫妻、父子、君臣、朋友等伦理道德体系之中④。

另一方面，"信"还是国安民治的重要策略与方法。孔子说：

---

① 〔宋〕朱熹撰：《四书章句集注》，中华书局1983年版，第162页。
② 卢元骏注译：《说苑今注今译》，台湾商务印书馆1979年版，第345页。
③ 〔宋〕朱熹撰：《四书章句集注》，中华书局1983年版，第82页。
④ 〔宋〕朱熹撰：《四书章句集注》，中华书局1983年版，第48、50页。

读懂讲信修睦

"道千乘之国，敬事而信，节用而爱人，使民以时。"① 要治理好一个大规模的国家，就必须敬慎理政，讲究信用，节约用度，爱护人民，役使百姓要顺应节气、不误农时。子贡曾向孔子请教为政之法，孔子说了三个要素，"足食、足兵、民信之"，即粮食充裕、军备充足、百姓信任朝廷。子贡追问：若迫不得已要在这三者中放弃其一，最先舍掉哪一项呢？孔子说：舍去军备。子贡又问：若还得去掉一项该怎么办？孔子回答说：舍去粮食。人生自古皆有一死，但如若失去了百姓的信任，那么国家也就不复存在了。这就是"民无信不立"。② 国富兵强自然是"硬实力"的体现，但人民的信赖却好比可使国家延续的气脉。若"民不信之"，那么国家迟早会陷入猜疑混乱、分崩离析的境地；若"民信之"，那么即便暂处贫困积弱之境，万众一心之下或可渡过难关，再焕生机。

从以上论述可以看到，孔子将"信"作为通往其最高理想"仁"的必要条件之一，在立身、立国、与人交往的过程中都有极为重要的作用。此外，"信"的重要性还体现在其显著的实践指向上，这也引出了孔子关于讲信修睦思想的第二层探讨，即如何讲信守信。

关于如何讲信。孔子认为，君子首先必须以身作则，再以"信"徐徐导之。樊迟曾经因为向孔子请教耕稼之事而受到微词。樊迟走后，孔子说："上好礼，则民莫敢不敬；上好义，则民莫敢不服；上好信，则民莫敢不用情。夫如是，则四方之民襁负其子而至矣，焉

---

① 〔宋〕朱熹撰：《四书章句集注》，中华书局1983年版，第49页。
② 〔宋〕朱熹撰：《四书章句集注》，中华书局1983年版，第134—135页。

第一章
讲信修睦的思想渊源

用稼?"① 居上位者崇尚礼仪,百姓就不敢不恭敬;居上位者推崇道义,百姓就不敢不服从;居上位者讲求信用,百姓就不敢不诚实。如此一来,则四方之民都会携家负子聚集而来,何必亲身耕种呢?孔子对樊迟请学稼的批评,一是因术业专攻不同,若论耕稼之术,孔子定不如老农专业;二是孔子认为士子不当只局限于技艺之学,而更需要钻研"礼、义、信"这类能产生更广泛影响力的修身治国之道。在孔子看来,作为理政之学的"礼、义、信"是通过上行下效、上感下化的方式发挥作用的,所以居于上位的管理者必须持身端洁,"其身正,不令而行;其身不正,虽令不从"②。

子夏还以君子如何以"信"施政为例作了进一步的阐释:"君子信而后劳其民,未信则以为厉己也;信而后谏,未信则以为谤己也。"③ 君子,只有在民众中树立了信誉,才能真正动员和指挥他们;如果未能建立信任关系,那么民众或许会认为这是在虐害他们。只有先取得君主的信任,而后才可进谏;若在未得到信赖时便贸然进谏,君主有可能会认为这是在诽谤自己。可见,信任关系的建立是良性互动的基础,同时也是推行政治主张的第一步。

"信"的许诺只是第一步,"践信"才是完成守信的关键。孔子十分注重许信之后的实际行动,尤其不齿说得多但做得少的人,他认为君子应以"言过其行"④ 而感到羞耻。那一丝不苟地践行诺言的

---

① 〔宋〕朱熹撰:《四书章句集注》,中华书局1983年版,第142页。
② 〔宋〕朱熹撰:《四书章句集注》,中华书局1983年版,第143页。
③ 〔宋〕朱熹撰:《四书章句集注》,中华书局1983年版,第189页。
④ 子曰:"君子耻其言而过其行。"见《论语·宪问》,〔宋〕朱熹:《四书章句集注》,中华书局1983年版,第156页。

人，是否就会得到孔子的赞赏呢？非也。孔子甚至还说："言必信，行必果，硁硁然小人哉。"①重信践诺怎么会被孔子评价为"小人"呢？我们不妨回到孔子说这句话的语境。子贡问孔子：如何才能称作士？孔子认为，能以礼义廉耻约束自身、为国出使且不辱使命的可以被称为士，有孝悌之心的次之，而"言必信，行必果"的，则是顽固不化的"硁硁然小人"。这里的"小人"并非人格卑劣之意，只是孔子对修养尚浅的"末等士"的指称。在孔子看来，盲目追求说过的话一定要完成，付出行动一定要取得结果，一味执着于个人的践信，容易钻进刻板而不知变通的牛角尖之中。在儒家的道德体系中，"信"之上还有"义"，虽然孔子讲得最多的是关于个人修养的问题，但最终指向的却是家国天下，这也体现了儒家层层推进的道德目标，即"修齐治平"。所以，在回答子贡"何如斯可谓之士矣"这个问题时，孔子将个人置于家、国之后，也暗示了应将"小信"置于"大义"这个更宏大的架构之中。有子说："信近于义，言可复也。"②孟子说："大人者，言不必信，行不必果，惟义所在。"③实际上都是对孔子上述主张的阐释：承诺要符合道义，这样承诺才可践行；德行高尚之人，所说的话不一定句句守信，所做的事也不一定都要有结果，只要合乎大义即可。

《论语》中关于"信"的论述虽然分散零碎，但从整体上看，它已经被纳入儒家的道德伦理体系之中。孔子以仁、义为上，立信则

---

① 〔宋〕朱熹撰：《四书章句集注》，中华书局 1983 年版，第 146 页。
② 〔宋〕朱熹撰：《四书章句集注》，中华书局 1983 年版，第 52 页。
③ 〔宋〕朱熹撰：《四书章句集注》，中华书局 1983 年版，第 292 页。

第一章
讲信修睦的思想渊源

是其中的基础。《礼记》对此有更加明确的表述:"道德仁义,非礼不成"①,"忠信之人,可以学礼,苟无忠信之人,则礼不虚道"②。道德仁义必须通过礼的推行来完成;忠信是学习礼仪的基本条件,若无忠信的品质,那么礼也不会对其产生真切的影响。《礼记》以"甘受和,白受采"③来比兴,朱熹在集注中也直接点明忠信是习礼的根本,就好比绘画之前必须准备好上色的素地一般④。而在具体实践上,立信、讲信、守信也成为儒家处理修身、交友、理政、治国等一系列"差序格局"关系的重要方法。同时,孔子也强调不能单一、盲目地追求信守承诺,"信"的践行应合乎"义"之所求,这其实与"讲信"以"修睦"的目标指向是一致的。

(二)思孟学派

儒家讲信修睦思想发展的第二阶段以思孟学派为主,代表作主要包括《大学》、《中庸》和《孟子》。

《大学》虽然篇幅简短,但言简意赅地阐明了儒家的核心思想体系,并将"诚信"正式嵌入该理论框架中:"古之欲明明德于天下者,先治其国。欲治其国者,先齐其家。欲齐其家者,先修其身。

---

① 《十三经注疏》整理委员会整理,李学勤主编:《十三经注疏·礼记正义》上、中、下,北京大学出版社1999年版,第14页。
② 《十三经注疏》整理委员会整理,李学勤主编:《十三经注疏·礼记正义》上、中、下,北京大学出版社1999年版,第763页。
③ 甘味能调和众味,白色能着染众彩。因为甘是五味的根本,白是五色的基础,只有在此基础之上才可以更好地调味和着色。
④ "礼必以忠信为质,犹绘事必以粉素为先。"见〔宋〕朱熹撰:《四书章句集注》,中华书局1983年版,第63页。

欲修其身者，先正其心。欲正其心者，先诚其意。欲诚其意者，先致其知；致知在格物。"①在儒家"修身、齐家、治国、平天下"的政治理想蓝图中，"修身"是基础与起点。对于个人修养如何参与国家政治，《大学》用"絜矩之道"进行了详细阐释，实际上也是对孔子"上好礼，则民莫敢不敬"的延伸："上老老，而民兴孝；上长长，而民兴弟；上恤孤，而民不倍。"②上位者尊敬老人、爱重兄长、体恤孤寡，那么民间自然会形成孝顺友悌之风，人与人之间也不会相互背弃。反过来说，如果厌恶一种行为，那么就不要以此对待他人，抑或是重蹈覆辙。这就是君子恕己及物，以心度心，以身观身，推己及人的为人处世法则，即"絜矩之道"。

那么君子当如何修身，以行"絜矩之道"呢？《大学》提到修身的四组关键词："格物、致知、诚意、正心"，若说"格物致知"在于启智，"诚意正心"则重在明德。与《论语》相比，《大学》关于讲信修睦思想的论述多集中在"诚意"上，诚意是提升个人道德修养的第一步。

《大学》指出，要做到"诚其意"，关键在于"毋自欺"、"自谦"和"慎独"。所谓意念真诚，就是不欺骗自己。就如同厌恶难闻的气味、喜爱美色一般，发自内心。此外，真诚不仅示于人前，更应保持至人后。有些小人平日做尽坏事，见到君子便躲躲闪闪掩盖自己做的坏事，装作善良的样子，殊不知在别人看来，其实都如同照见心肺肝脏般清楚，掩饰实在毫无意义。所谓"诚于中，形于

---

① 〔宋〕朱熹撰：《四书章句集注》，中华书局1983年版，第3页。
② 〔宋〕朱熹撰：《四书章句集注》，中华书局1983年版，第10页。

第一章
讲信修睦的思想渊源

外",内心的真实一定会表现在外部行为上。因此,君子即便是自处时也应当谨言慎行,这就是"慎独"。曾子说:"十目所视,十手所指,其严乎!"[1] 想象时刻有无数双眼睛看着你,无数只手指着你,内心定然不敢松懈。当"诚意"成为一种自觉,这种谨慎自律就会内化为一种由内而外的真诚与坦然,这便是"自谦"。朱熹在集注中解释道:"诚,实也。意者,心之所发也。实其心之所发,欲其一于善而无自欺也。"[2] 用良知善念将心填满、充实,就没有缝隙再去伪饰或自欺欺人,进而能够真正实现"诚其意"。

在诚意正心以修身的基础上,再谈社会关系的建立,这便是"信"的范畴。承继《论语》的"与朋友交,言而有信",《大学》也将讲究信用写入其伦常道德标准:"为人君,止于仁;为人臣,止于敬;为人子,止于孝;为人父,止于慈;与国人交,止于信。"[3] 与君臣父子的上下长幼有别不同,讲信更多体现在平等往来的关系之中,是一种更具有普适性、原初性的伦理道德原则。因此,《大学》说君子能够行孝、悌、仁、义的治国大道,"必忠信以得之,骄泰以失之"[4],忠信诚敬是所有道德品质的基础。

《中庸》也用较为集中的篇幅论述了诚信思想。其中最为突出的,是大大提升与丰富了"诚"的内涵。《中庸》提出,"诚者,天之道也",认为"诚"乃上天运行的法则,等同于"天道"。而后又

---

[1] 〔宋〕朱熹撰:《四书章句集注》,中华书局1983年版,第7页。
[2] 〔宋〕朱熹撰:《四书章句集注》,中华书局1983年版,第3—4页。
[3] 〔宋〕朱熹撰:《四书章句集注》,中华书局1983年版,第5页。
[4] 〔宋〕朱熹撰:《四书章句集注》,中华书局1983年版,第12页。

进一步阐释道:"诚者,物之终始;不诚,无物","至诚无息,不息则久","其为物不贰,则其生物不测"①。在这里,"诚"不再局限于个人修养,"诚"还是宇宙万物生生不息的规律,贯穿于事物始终,没有"诚"则万物将不复存在,"至诚"便是广博、深厚、高妙、明朗、悠远而长久的天地之道。这样的描述似乎稍显玄妙抽象,但其具有鲜明的现实唯物指向:变幻无穷的广阔宇宙有一以贯之的发展规律,它反映事物的本质,是真实无妄的,这就是天道至诚的体现。

既然"诚"的内涵在时间、空间上都有所扩延,其地位和实践目标自然也有了相应的变化。《中庸》认为"诚"是天之道,努力去实现、去践行"诚",便是人世运行的规则,即"人道"。"诚者自成也;而道自道也。"②诚,是顺应天地自然的一种自我完善;而道,则是引导人完善自身的行为与实践。君子将"诚"视为珍贵的品质,但对"诚"的追求不能只满足于自我品德的完善,"非自成己而已",还要"成物"。完善自己可称仁义,完善万物则是智慧,二者融合内外,都是符合本性的美德,因而在任何时候都是合宜的。"成己"与"成物"有"内圣"和"外王"的意味,而这种理想主张的提出正是建立在"诚"内涵扩延的基础之上。《中庸》认为,只有"天下至诚"者,才能"经纶天下之大经,立天下之大本,知天地之化育"③,因为他了解宇宙发展的规律,又能以真诚无私之心将其应用在社会生活的各个方面,充分发挥人、事、物的本性,帮助天地万物孕育、

---

① 〔宋〕朱熹撰:《四书章句集注》,中华书局1983年版,第34页。
② 〔宋〕朱熹撰:《四书章句集注》,中华书局1983年版,第33页。
③ 〔宋〕朱熹撰:《四书章句集注》,中华书局1983年版,第38页。

第一章
讲信修睦的思想渊源

生长和演化。不仅如此,掌握了至诚之道,还可预见未来之事:"国家将兴,必有祯祥;国家将亡,必有妖孽;见乎蓍龟,动乎四体。"① 当人拥有"至诚"这样透过现象看见事物之本质的大智慧时,就可以在"风起青蘋之末"时察觉其发源与动向,并通过理性的思考提前作出正确的判断,表现出超凡的洞察力。

既然"至诚如神",那么何以"诚之",怎样才能达到至诚的境界呢?《中庸》指出,天生的"诚者",不需要勉力思考,也不必后天习得,便能够感悟和运用天道法则,即"自诚明,谓之性",因天性真诚而自然明察事理,这样的人是圣人。但圣人毕竟是少数,大多数人是"诚之者",即"自明诚,谓之教",在明察事理后成为真诚之人,这是后天的教化所致。"诚则明矣,明则诚矣"②,不论先后,最终的结果是一致的。所以,"诚"可以通过教育感化而实现。具体而言,需"择善而固执之",然后"博学之,审问之,慎思之,明辨之,笃行之"③。普通人要成为至诚之人,首先要选择正确的目标,广博地学习、仔细地求教、审慎地思考、清晰地甄别,通过学、问、思、辨的内省工夫之后,再切实地运用和实践,并且坚持到底。虽不及圣人可以直达本源、明心见性,但通过学习探微,从小事着手,不断地完善自己,最终也能够达到"诚"的状态,甚至化育万物,这是一种曲径通幽的修身方式,《中庸》称之为"致曲"。真正的君

---

① 〔宋〕朱熹撰:《四书章句集注》,中华书局1983年版,第33页。
② 〔宋〕朱熹撰:《四书章句集注》,中华书局1983年版,第32页。
③ 〔宋〕朱熹撰:《四书章句集注》,中华书局1983年版,第31页。

读懂讲信修睦

子还要做到"不动而敬,不言而信"①,即便在不做什么、不说什么的时候,内心也应当保持谨慎而信实的姿态,就像《诗经》说的"相在尔室,尚不愧于屋漏"②,纵使一人独处,亦能心底磊落、无愧于神明,这与《大学》强调君子"慎独"的重要性是一致的。

《中庸》还谈到了诚信如何协调社会伦理关系,并体现其政治意义。"在下位不获乎上,民不可得而治矣;获乎上有道,不信乎朋友,不获乎上矣;信乎朋友有道,不顺乎亲,不信乎朋友矣;顺乎亲有道,反诸身不诚,不顺乎亲矣;诚身有道,不明乎善,不诚乎身矣。"③下位者如果得不到上位者的信任和支持,是不可能治理好国家的;若想得到上位者的信任,要先得到朋友的信任;若想得到朋友的信任,要先做到孝顺父母;要孝顺父母,自身要先有诚心;如何获得诚心呢?首先得恢复和彰显人的善之本性。可见,天下百姓之治是建立在可靠的信任基础上的,而人们在构建每一种信任关系之前,都会观察信任对象与他者的相处(如朋友、至亲),层层推进,最终落到个人的修养上,从身边的人、事、物开始,从诚心明善开始。所以孟子感叹道:"至诚而不动者,未之有也;不诚,未有能动者也。"④唯有至诚之心方可动人。

---

① 〔宋〕朱熹撰:《四书章句集注》,中华书局1983年版,第39页。
② 程俊英撰:《诗经译注》,上海古籍出版社2004年版,第470页。
③ 《孟子·离娄章句上》也有一段相似的论述:"居下位而不获于上,民不可得而治也。获于上有道,不信于友,弗获于上矣。信于友有道,事亲弗悦,弗信于友矣。悦亲有道,反身不诚,不悦于亲矣。诚身有道,不明乎善,不诚其身矣。"见〔宋〕朱熹撰:《四书章句集注》,中华书局1983年版,第282页。
④ 〔宋〕朱熹撰:《四书章句集注》,中华书局1983年版,第282页。

第一章
讲信修睦的思想渊源

《中庸》还提到，获得百姓信任需要同时满足几个条件："善"、"征"和"尊"。"上焉者，虽善无征，无征不信，不信民弗从。下焉者，虽善不尊，不尊不信，不信民弗从。"① 此处按朱子所注，"上焉者，谓时王以前，如夏、商之礼虽善，而皆不可考。下焉者，谓圣人在下，如孔子虽善于礼，而不在尊位也"②。即上古时期天子所制之礼虽然好，但因时代久远而无从考证，难以让百姓信服；而地位较低的人，哪怕是像孔子这样有圣人之善的，因为不得其位，百姓也不会打心眼儿里尊敬和信服他（所制之礼）。"故君子之道，本诸身，征诸庶民，考诸三王而不缪，建诸天地而不悖，质诸鬼神而无疑，百世以俟圣人而不惑。"③ 君子治国，应从自身出发，在百姓中观察验证，向上古三王稽考勘误，这样天地、鬼神乃至百世后的圣人也不会提出异议。好的理念与制度（"善"），经得住人民的实践与检验（"征"），恰如其分的执行者（"尊"），三者共施，才能让百姓信任并且服从。这三者的获得，涉及文化传统、历史经验、实践精神、自我认知等多重因素。值得注意的是，虽然"不尊不信"在一定程度上体现了古代尊卑观念的影响，但换个角度来看，实则反映了政策的制定与实施须考虑施政者的声誉、受众的接受能力和接受程度，这也是一种"恰如其分"。

孟子对孔子思想的继承与发展在后世影响深远，也因此被尊奉为"亚圣"。孟子十分重视道德规范在治理国家、规范秩序中的重要

---

① 〔宋〕朱熹撰：《四书章句集注》，中华书局1983年版，第37页。
② 〔宋〕朱熹撰：《四书章句集注》，中华书局1983年版，第37页。
③ 〔宋〕朱熹撰：《四书章句集注》，中华书局1983年版，第37页。

性,"上无道揆也,下无法守也,朝不信道,工不信度,君子犯义,小人犯刑,国之所存者幸也"①,一个不讲道德、毫无信任关系的国家,没有灭亡也不过是侥幸而已。在诚信思想方面,孟子的相关论述在前儒的基础上有了系统性的提升与深化,主要表现在将"朋友有信"纳入"五伦",并在"性善论"的基础上对诚信的价值特点作了更为本质化的阐释,为"信"入"五常"奠定了基础。

首先是"信"入"五伦"。人伦是儒家理论学说的基本概念之一,指人与人之间的道德关系。从文献记载来看,春秋以前人们强调的诸德多集中在家庭关系之中,如《尚书》所说"慎徽五典"②中的"五典"即"五常之教":父义、母慈、兄友、弟恭、子孝,这与在家天下分封制度影响下对家庭道德的重视不无关系。春秋以后,政治结构的变化促进了各个地区之间的交流,孔子开始关注到社会交际中涉及的更多道德主体,除"君君、臣臣、父父、子子"外,还将"信"作为朋友往来的道德原则。子夏所说的"贤贤易色;事父母,能竭其力;事君,能致其身;与朋友交,言而有信"③,也涉及夫妇、父子、君臣、朋友四类伦理关系。而后,《大学》的"君仁、臣敬、子孝、父慈、国人信",《中庸》的"下获乎上,信乎朋友,顺乎亲,诚乎身"等,也是对不同道德关系进行系统化论述的尝试。在此基础上,孟子正式提出"人伦"的概念和体系。孟子先以后稷教稼使百姓得到养育说起,再谈到光是满足于温饱却没有得到教育,

---

① 〔宋〕朱熹撰:《四书章句集注》,中华书局1983年版,第276页。
② 王世舜、王叶翠译注:《尚书》,中华书局2012年版,第15页。
③ 〔宋〕朱熹撰:《四书章句集注》,中华书局1983年版,第50页。

第一章
讲信修睦的思想渊源

实则与禽兽无异，所以尧舜便任命契为司徒，执掌天下教化，教导百姓人与人之间的伦理道德规则，即"人伦"：父子有亲，君臣有义，夫妇有别，长幼有序，朋友有信。① 孟子认为，接受道德教化，人人各归其位，社会井然有序，是人类文明发展的基础。针对当时的社会结构，孟子将人与人之间的道德关系归为五类：父子、君臣、夫妇、长幼、朋友，并以"亲、义、别、序、信"来概括不同关系适用的道德规范。至此，儒家的"五伦"观念正式形成。"信"作为"五伦"中主导朋友往来的道德守则，其面向的社会范围更为广大，也在侧面体现出诚信是道德基石的性质。

其次是"信"与"性善论"及基本道德规范的关系。除了构建基本的社会道德关系"五伦"，孟子也提出了"性善论"和"四心四端"等与人类基本道德规范相关的观点。孟子认为"人性之善也，犹水之就下也"，人有天然向善的本性，就如同水天然向下流淌，只有迫于外力或形势所导才会改变流向，同理，为不善者多受环境影响，但它与人自身的本性是相违背的。② 什么是"善"呢？在《孟子·尽心章句下》中，浩生不害请孟子评价乐正子其人，孟子说乐正子是"善人也，信人也"，浩生不害又问："何谓善？何谓信？"孟子答道："可欲之谓善，有诸己之谓信，充实之谓美，充实而有光辉之谓大，大而化之之谓圣，圣而不可知之之谓神。乐正子，二之中、四之下也。"③ 值得别人喜欢可称之为"善"，认可这种善并努力让自

---

① 〔宋〕朱熹撰：《四书章句集注》，中华书局1983年版，第259页。
② 〔宋〕朱熹撰：《四书章句集注》，中华书局1983年版，第325页。
③ 〔宋〕朱熹撰：《四书章句集注》，中华书局1983年版，第370页。

读懂讲信修睦

身具备的可称之为"信",内心充满"善"和"信"可称之为"美",自己内心充盈而且还能如光辉般显现出来影响他人可称之为"大",还能感化万物的称之为"圣",感化万物如春雨润物于无声无形的可称之为"神"。善、信、美、大、圣、神,是孟子对不同道德层次的形容。结合前面的"性善论"来看,"善"是对人美好天性的肯定,"信"是对这种美好品性的切实追求,这二者是修德的基本。

孟子非常重视"善"的源于本性与"信"的真实无妄。他曾说"哭死而哀,非为生者也。经德不回,非以干禄也。言语必信,非以正行也。君子行法,以俟命而已矣"[1]。为死者哀恸哭泣,不是做给生者看的;按道德行事而不悖,不是为了谋求功名利禄;所说的话一定信实,也不是为了让人觉得我品行端正。君子依照规律法度行事,只是遵守天命的安排罢了。孟子还提到"天爵"与"人爵"的区别,他认为能做到"仁义忠信,乐善不倦",这是天赐的爵位,而公卿大夫不过是俗世的爵位。古人修养"天爵",则"人爵"自然会随之而来;现在的人修养"天爵"目的是得到"人爵",得到"人爵"后又将"天爵"丢弃,实在是糊涂至极,到头来什么都会失去的。[2] 这与儒家"先义后利"的义利观是一致的,德性是人之根本,有德之人自然会有所得,但若为了追求功名而修德,那便是舍本逐末的做法了。可见,孟子的道德观念具有较强的纯粹性,这种纯粹性在侧面反映出他对真诚、信实的重视,这也为我们理解"信"与"四端"的关系做好了铺垫。

---

[1]〔宋〕朱熹撰:《四书章句集注》,中华书局1983年版,第373页。
[2]〔宋〕朱熹撰:《四书章句集注》,中华书局1983年版,第336页。

第一章
讲信修睦的思想渊源

孟子认为人性之善会通过自然的情感反应流露出来。他从人人皆有"不忍之心"谈起：假设我们见到一个小孩要掉入井中，心中自然会着紧同情，这并不是因为与孩子父母的交情，或是为在乡党朋友间博取好名声，又或是害怕背负上冷血无情的恶名——情绪的反应就在一瞬间，根本来不及做出以上种种利益关系的考量，所以是全然出于人的本性的，这就是人的恻隐之心。除恻隐之心外，还有羞恶之心、辞让之心、是非之心，这"四心"都是人性之善的感性外显，也是人区别于动物的本质特征，无此四心"非人也"。接着，孟子继续提出恻隐之心是"仁"的开端，羞恶之心是"义"的开端，辞让之心是"礼"的开端，是非之心是"智"的开端。这四端如同人有躯干四肢，是与生俱来的，只要加以扩充完备，就能如星火燎原、涌泉成河般成就大德，乃至齐家治国、安定天下；但若不好好培育，甚至自暴自弃，那最终或连侍奉父母这种基本的道德行为都做不到。人的这四种基本情感，便是"仁、义、礼、智"四种基本道德的萌芽，此即"四心四端"。孟子在此并未提及"信"，二程认为"四端不言信者，既有诚心为四端，则信在其中矣"，朱熹注曰："四端之信，犹五行之土。无定位，无成名，无专气。而水、火、金、木，无不待是以生者。故土于四行无不在，于四时则寄王焉，其理亦犹是也。"①孟子认为"善"源于人的真实本性，同情怜悯、羞耻厌恶、谦逊礼让、辨别是非这四种不加矫饰的情感就是人性的真诚显露，由此可以衍生出人类的基本道德规范，即仁、义、礼、智。以上这些道德，都是建立在真实无伪的性情之上的，所以，

---

① 〔宋〕朱熹撰：《四书章句集注》，中华书局1983年版，第238页。

不提"信"但实则"信在其中",无所不在,"信"是"四端"的基础,这也为董仲舒将信纳入"五常"埋下了伏笔。

孟子对真诚不伪是极为看重的。《孟子·尽心章句下》记载了孟子与弟子万章关于乡原的讨论,孔子曾说乡原是"德之贼",万章向孟子请教乡原到底是什么样的人。孟子指出,乡原这类人,看起来学问教养不错,行为表现也忠诚老实、清正廉洁,但实际上并没有自己的主见,也没有树立坚定不移的人格和精神,只是随波逐流、人云亦云,到处迎合别人的好好先生罢了。这种似是而非就像以莠乱苗、以佞乱义、以利口乱信、以郑声乱乐、以紫乱朱,混淆视听,搅乱人们对真实不伪的道德的追求。我们在理解诚信的时候,也要注意区分由内而外的真诚与附和讨好的"老实"之间的不同。此外,孟子所认同的品德,应当是建立在更高层次的譬如对"义"的信仰上的,与之相比,一些短暂的或者权宜的行为只是不需要过于拘泥的浅表形式,这也是"大人者,言不必信,行不必果,惟义所在"[①]的题中之义。

(三)荀子

荀子是先秦第三位儒家思想的重要代表人物,"性恶论"是其关于人性论最著名的学说。荀子认为,"凡人有所一同:饥而欲食,寒而欲暖,劳而欲息,好利而恶害,是人之所生而有也"[②],人都有满

[①]〔宋〕朱熹撰:《四书章句集注》,中华书局1983年版,第292页。
[②]〔清〕王先谦撰,沈啸寰、王星贤点校:《荀子集解》,中华书局1988年版,第63页。

第一章
讲信修睦的思想渊源

足生存欲望和趋利避害的本性,关键在于如何对待这种本性。若是放任自流、无法无师,就只能一直停留在唯利是图的"小人"阶段。更有甚者,通过欺诈、掠夺、残杀来满足私欲,则可能像桀、跖那样祸乱社会、贻害苍生。相反,若能有师长法度的教化和礼义之道的规约,人则会变得谦逊礼让、遵守礼法,天下也会安定太平。因而,荀子指出:"性者,本始材朴也;伪者,文理隆盛也。无性则伪之无所加,无伪则性不能自美"[①],"人之性恶明矣,其善者伪也"[②]。人性是人天生的材质,人为是以礼义礼法去修饰雕琢,没有人为的努力,人性是无法自我完善的。所以说,人性不加引导则易趋恶,人性之善必须通过后天的人为努力才能达成。

在"性恶论"的基础上,我们可以更好地理解荀子对诚信认识和诚信教育问题的看法。

首先,诚信是修养心性的基础。荀子认为,古代圣王因人之性恶,所以建立礼义、制定法度来教化和引导他们,修养身心、学习礼义是导恶向善的重要途径。虽然对于人性的解读不同,但与思孟学派一样,荀子也认同至诚是道德培养的根基所在:"君子养心莫善于诚,致诚,则无它事矣。"[③] 他从正反两个方面论述了至诚的重要性,一方面,"诚心守仁则形,形则神,神则能化矣。诚心行义

---

① 〔清〕王先谦撰,沈啸寰、王星贤点校:《荀子集解》,中华书局1988年版,第366页。

② 〔清〕王先谦撰,沈啸寰、王星贤点校:《荀子集解》,中华书局1988年版,第435页。

③ 〔清〕王先谦撰,沈啸寰、王星贤点校:《荀子集解》,中华书局1988年版,第46页。

则理，理则明，明则能变矣"，可以通过真诚之心坚守仁德、行使礼义，进而化育万物。另一方面，"不诚则不独，不独则不形，不形则虽作于心，见于色，出于言，民犹若未从也，虽从必疑。天地为大矣，不诚则不能化万物；圣人为知矣，不诚则不能化万民；父子为亲矣，不诚则疏；君上为尊矣，不诚则卑"[1]。不真诚就会在言行上有所表现，让人产生疑虑，因而天地虽大、圣人虽然睿智，没有真诚之心便无法感化他人；父子虽是血亲，不真诚也会疏离；君主虽然尊贵，不真诚也会变得卑下。正所谓"诚信生神，夸诞生惑"[2]，"诚信如神，夸诞逐魂"[3]。真诚是君子的操守，也是政治的根本。

其次，教育引导和环境影响对诚信的养成至关重要。荀子强调"善者伪也"，也就是后天人为的重要性。并且，这种人为努力不能只靠个人的内悟，更重要的是从外部的人事中进行参照、自省与学习。"见善，修然必以自存也；见不善，愀然必以自省也"[4]，见到好的行为就珍重地保存并自我对照学习，见到不好的行为就心怀忧惧并自我警惕反省。"人虽有性质美而心辩知，必将求贤师而事之，

---

[1] 〔清〕王先谦撰，沈啸寰、王星贤点校：《荀子集解》，中华书局1988年版，第46—48页。
[2] 〔清〕王先谦撰，沈啸寰、王星贤点校：《荀子集解》，中华书局1988年版，第51页。
[3] 〔清〕王先谦撰，沈啸寰、王星贤点校：《荀子集解》，中华书局1988年版，第261页。
[4] 〔清〕王先谦撰，沈啸寰、王星贤点校：《荀子集解》，中华书局1988年版，第20—21页。

第一章
讲信修睦的思想渊源

择良友而友之"①，即便有好的资质和聪慧的头脑，也必须拜寻贤师、选择良友。好的老师会适时地指出你的错误，好的朋友会恰到好处地表扬你的优点，光会阿谀奉承的只是害你的贼人，君子应当"隆师而亲友"，"恶其贼"②。追随贤师，所听到的都是尧、舜、禹、汤这些圣人的正道；结交良友，见到的都是忠信敬让的行为举止，久而久之自己也会进益至仁义之境而不自知；相反，倘若和德行不好的人相处，那么所闻所见都是欺骗诡诈、污秽淫邪、贪财谋利之事，长此以往，或许哪日自己刑戮加身都还没反应过来。正如孔子所说的"与善人居，如入芝兰之室，久而不闻其香，即与之化矣；与不善人居，如入鲍鱼之肆，久而不闻其臭，亦与之化矣"，"不知其子观其父，不知其人视其友，不知其君观其所使，不知其地观其草木"③，讲的都是环境对人潜移默化影响之深、之沉。

最后，诚信与其他品质修养是相辅相成的，需要注意可能会影响诚信的因素，以及正确地认识和辨别诚信。虽然诚信是修身的根本，但不可单一来看，德行培养是一个整体的、综合性的过程。荀子举例说，有的人廉正守直却不被人看重，或是因为尖刻伤人；有的人勇猛刚毅却没人畏惧，或是因为有贪婪这个弱点；有的人恪信守诺却不受人尊敬，或是因为总是独断专行。此外还有一些诸如

---

① 〔清〕王先谦撰，沈啸寰、王星贤点校：《荀子集解》，中华书局1988年版，第449页。
② 〔清〕王先谦撰，沈啸寰、王星贤点校：《荀子集解》，中华书局1988年版，第21页。
③ 〔三国〕王肃整理：《孔子家语》，广陵书社2023年版，第82页。

读懂讲信修睦

"妻子具而孝衰于亲,嗜欲得而信衰于友,爵禄盈而忠衰于君"[①]的人之常情,有了妻儿对父母的孝道就衰减了,满足欲望后对朋友的信用就降低了,名利双收后对君主的忠诚就减弱了。这些普遍存在的情况,其实也是不能忽视的人性弱点的影响,需要我们时常自我反省与鞭策。另外,有些似是而非的承诺通常不是真正的诚信。真正的君子在乎的是自己有没有做到诚实守信,而不是外在的名声,即"耻不信,不耻不见信"[②]。小人则与之相反,"不诚于内而求之于外"[③],越是内里缺乏真诚的人越急于在外博取好的名声。"不足于行者,说过;不足于信者,诚言"[④],行动力不足的人往往言过其实,信用度不够的人往往夸夸其谈。孔子在鲁国任大司寇代理宰相时,曾以"五恶"的罪名将少正卯诛杀,"五恶"之一便是"言伪而辩",言论虚伪却能言善辩,让人信以为真,所以危害极大。"言之信者,在乎区盖之间,疑则不言,未问则不言"[⑤],真正说话信实的人,反而是十分谨慎的,存疑的不说,未求证过的也不会说。所以应当学会运用"知"(智)来鉴别和判断"信"的真实性,"信

[①] 〔清〕王先谦撰,沈啸寰、王星贤点校:《荀子集解》,中华书局1988年版,第444页。

[②] 〔清〕王先谦撰,沈啸寰、王星贤点校:《荀子集解》,中华书局1988年版,第102页。

[③] 〔清〕王先谦撰,沈啸寰、王星贤点校:《荀子集解》,中华书局1988年版,第506页。

[④] 〔清〕王先谦撰,沈啸寰、王星贤点校:《荀子集解》,中华书局1988年版,第506页。

[⑤] 〔清〕王先谦撰,沈啸寰、王星贤点校:《荀子集解》,中华书局1988年版,第515页。

第一章
讲信修睦的思想渊源

信,信也;疑疑,亦信也"①,合理的质疑与求证也是"信"的一部分。可见,"信"是一种对真诚本质的认知与坚持,而非浮于口头和表面的相信。

除了关于诚信认识和诚信教育问题的探讨,荀子还谈到诚信在国家治理、社会运作等方面的具体应用,即诚信实践的问题。

荀子认为,治理国家应当"慎礼义,务忠信","义为本而信次之"②。荀子从文明发展的角度指出,朝代更迭不过是一种继承性的替换,其根本性的治理之道却是不变的。人无百岁之寿,却有千岁之国,何也?曰:"援夫千岁之信法以持之也,安与夫千岁之信士为之也。"③根本原因在于援引千年相传的礼法之制来持守、任用千年以来的诚信之士来治理。我们可以在《荀子》的不同篇章中看到荀子从正反面角度反复论述了这一观点。

"义立而王,信立而霸,权谋立而亡。"④荀子认为,奉行礼义之道的君子来治理国家,可以称王;端诚信全之士来治理国家,可以称霸;而擅于权谋倾覆之术的人来治理国家,国家就会灭亡。道义是大家都认可与信仰的,这是政治的根基所在,通过礼法加以落实,再任用端诚信全的君子来参与政事、端正是非,这样好的名声

---

① 〔清〕王先谦撰,沈啸寰、王星贤点校:《荀子集解》,中华书局1988年版,第97页。
② 〔清〕王先谦撰,沈啸寰、王星贤点校:《荀子集解》,中华书局1988年版,第305页。
③ 〔清〕王先谦撰,沈啸寰、王星贤点校:《荀子集解》,中华书局1988年版,第208—209页。
④ 〔清〕王先谦撰,沈啸寰、王星贤点校:《荀子集解》,中华书局1988年版,第202页。

便会传扬天下，让人心悦诚服。像商汤王、周武王，都是以百里之地使天下为一、诸侯为臣，原因无他，便是他们完全遵行了正义之道。若只为谋眼前之利而上诈其下、下诈其上，日日攻于权术谋略，那么不仅国内上下离心离德，还会招致敌国轻视、盟国起疑，国家也就免不了陷入险境。齐闵王便是这样的一个案例，齐国本是强国，闵王执政后不以礼义教化作为立国之本，却将四处拉拢征伐作为要务，最终导致五国伐齐、领土沦丧，自己也惨死在战乱之中。

"道德之威成乎安强，暴察之威成乎危弱，狂妄之威成乎灭亡也。"[1]荀子指出，治理国家有三种树立威信的方式：一是通过施行道德，二是通过严酷的督察，三是通过放肆妄为。施行道德之威的，完善礼制以推行道义，举措合宜而造福百姓，所以臣民也尊敬和亲近他，无须奖赏刑罚便可使众人跟随服从；施行暴察之威的，在礼义之道上有所不足，只能通过强权和酷刑来震慑和控制臣民，众人如受雷击墙压，虽然会产生畏惧，但一有机会就会叛离逃走；施行狂妄之威的，无爱人之心，无利人之事，成日只想做些扰乱天下的事情，一旦有民怨就四处逮捕处刑，百姓只会结伙逃散，国家倾覆也只在须臾之间。可见，道德之威可使国家安定强盛，暴察之威可致国家陷于危险衰弱，狂妄之威则会加速国家的灭亡。

荀子注意到人民在国家治理中的关键地位，即民心所向的重要性。他总结道："得百姓之力者富，得百姓之死者强，得百姓之誉

---

[1]〔清〕王先谦撰，沈啸寰、王星贤点校：《荀子集解》，中华书局1988年版，第293页。

第一章
讲信修睦的思想渊源

者荣。"① 治国者能得百姓尽力耕耘就可以使国家富足,能得百姓拼死作战就可以使国家强大,能得百姓交口赞誉就可以使国家有声望,三者俱得则天下归之,三者俱亡则天下去之。有的君主以赏赐刑罚、权谋诡诈之术来管理百姓,这实际上是一种鬻卖之道,百姓也只会凭着趋利避害的本能行事,这种方法不足凝结民心、美化民风,一旦遭遇危难,百姓也定然会逃离四散。所以,我们应当从桀纣之失和汤武之得中总结经验,夏桀、商纣做的都是百姓憎恶的事,商汤、周武做的都是百姓喜欢的事,"凡得胜者必与人也,凡得人者必与道也",能得到百姓拥护的正确之道是什么呢?荀子将之总结为"礼义、辞让、忠信"②。具体而言,包括"故厚德音以先之,明礼义以道之,致忠信以爱之,赏贤使能以次之,爵服赏庆以申重之,时其事、轻其任以调齐之,潢然兼覆之"③,就像养育和保护自己的孩子一般,以礼义导之,以忠信待之,尊贤任能,生民宽厚,使民合理。能做到这些的,那么百姓也会"贵之如帝、亲之如父母",即便为之牺牲性命也心甘情愿,这就是礼义、辞让、忠信之道的力量。

在礼义忠信这个大的治国理念之下,荀子还谈到了诚信的具体应用情境。

---

① 〔清〕王先谦撰,沈啸寰、王星贤点校:《荀子集解》,中华书局1988年版,第224页。
② 〔清〕王先谦撰,沈啸寰、王星贤点校:《荀子集解》,中华书局1988年版,第298页。
③ 〔清〕王先谦撰,沈啸寰、王星贤点校:《荀子集解》,中华书局1988年版,第224页。

例如，君主应恰当地树立自己的仁信形象。与孔子"上行下效"的主张一致，荀子也认同君主是臣民的表率，"上者下之师也，夫下之和上，譬之犹响之应声，影之像形也"①，慎礼义、务忠信是为人君者的最大根本。同时，荀子反对"主道利周"②的说法，认为君主是民众的倡导者，是臣下的榜样，臣民跟随君主的倡导来应和、随着君主的榜样去行动，假如君主沉默，那么臣民则无所适从，君主也将形同虚设。所以，荀子认为君主应当以身作则，大方鲜明地树立自己的仁信形象，如此便可以"上宣明，则下治辨矣；上端诚，则下愿悫矣；上公正，则下易直矣"③。

又如，取人治吏要以忠诚信实作为考察标准。知人善任是一个优秀统治者不可或缺的品质，荀子指出，要判断一个君主是不是明主，观察他所建立的朝廷就知道了：地位显贵的是否贤明，理政官员是否有才干，左右亲信是否诚实。《荀子·哀公篇》中记载了一段鲁哀公与孔子的对话，哀公向孔子请教怎样选取人才，孔子说，不要选争强好胜的，这些人往往贪得无厌；不要选喜欢钳制他人的，这些人往往会犯上作乱；也不要选能言善辩的，这些人往往爱弄虚作假。人才首先要诚实可信，然后再考虑他的才干能力。假如一个人不诚信，但又十分聪明能干，那就是一只豺狼啊，是断断不可靠近的。孔子还以齐桓公、晋文公不计前嫌任用刺杀过自己的管仲、

---

① 〔清〕王先谦撰，沈啸寰、王星贤点校：《荀子集解》，中华书局1988年版，第305页。

② 周，周密隐蔽，指君主施政周密隐蔽更为有利。

③ 〔清〕王先谦撰，沈啸寰、王星贤点校：《荀子集解》，中华书局1988年版，第321页。

第一章
讲信修睦的思想渊源

寺人披为例，指出选用人才要避免感情用事，只要对方是信悫之士，即便有旧怨也是可以化解并任用的①。

再如，要通过健全的制度来构筑和巩固信用关系。荀子所主张的礼义忠信之道并不只是停留在抽象的理论层面，他也谈到了具体的体制建构与如何落实。例如，在治理军队方面，制度、号召、政策、命令、奖赏、惩罚都要严格执行，践行信诺，这样才能树立威严和信用，这直接关乎军队的强弱，"政令信者强，政令不信者弱"②，"已诺不信则兵弱"③。在行政管理方面，完善官吏品级体系和管理制度，那么百官便会敬畏法度、遵守规则；严查关卡集市但少征税，禁止贸易弄虚作假，不偏听偏信，那么商贾便会敦厚诚信、老少无欺；按时节指派工匠砍伐木材，放宽时限以便他们尽情发挥技艺，那么百工都会诚实尽心，而非粗制滥造；轻徭薄赋，不夺农时，那么农民都会朴实耕作、专心务农④。诚信建设应该以礼义仁爱为根本，再辅以合理的制度，就能够达到"政令行，风俗美"的效果。即便德行道义尚未达到尽善尽美，只要掌握天下事理的规律，刑赏禁诺的执行、政令条例的颁布以及联盟契约的缔结都如实守信地履行，只要策略得宜、制度完备，就能够"齺然上下相信"，君臣

---

① 〔清〕王先谦撰，沈啸寰、王星贤点校：《荀子集解》，中华书局1988年版，第544—545页。
② 〔清〕王先谦撰，沈啸寰、王星贤点校：《荀子集解》，中华书局1988年版，第271页。
③ 〔清〕王先谦撰，沈啸寰、王星贤点校：《荀子集解》，中华书局1988年版，第194页。
④ 〔清〕王先谦撰，沈啸寰、王星贤点校：《荀子集解》，中华书局1988年版，第228—229页。

读懂讲信修睦

百姓像牙齿咬合那样上下信任、紧密配合，则"天下莫之敢当"，这就是"信立而霸"①。荀子认为齐桓公、晋文公、楚庄王、吴王阖闾、越王勾践之所以能称霸，就是因为他们成功建立了上下一体的信用关系。所以有时候急于扩张倒不如先立信，"益地不如益信之务"②。

总的来看，孔、孟、荀都强调礼义之道是修身治国的根本所在，至诚守信则是道德修养的基础。孔子和思孟学派学说中的讲信修睦思想主要是基于理想主义视角的理论提炼，尤其是思孟学派，有许多关于诚信的本体论思考。而荀子的讲信修睦思想则更偏向于现实主义，与"用"——即具体实践的结合更紧密。荀子从"性恶论"的观点出发，结合人性与社会的复杂性对诚信认识、诚信教育、诚信实践等问题进行了更加多元而思辨的探讨，延伸讨论的角度也十分丰富。荀子将"讲信"的道德关系从"与友交"扩展到社会各行各业之中，如除上面提到的士、农、工、商之外，还有教师，"耆艾而信，可以为师"③。此外，荀子注意到礼义忠信需要借助法制的完善和贯彻来落实，但法度的制定须以礼义忠信为根本，体现了荀子"隆礼重法"的思想。

---

① 〔清〕王先谦撰，沈啸寰、王星贤点校：《荀子集解》，中华书局1988年版，第205页。
② 〔清〕王先谦撰，沈啸寰、王星贤点校：《荀子集解》，中华书局1988年版，第302页。
③ 〔清〕王先谦撰，沈啸寰、王星贤点校：《荀子集解》，中华书局1988年版，第263页。

第一章
讲信修睦的思想渊源

二、道家、墨家、法家关于讲信修睦思想的阐释

（一）道家

以老子、庄子为代表的道家十分重视对个人道德品质的追求与修养，但与儒家以仁义治天下的积极入世不同，道家主张道法自然、清静无为，在论及"诚""信"等与讲信修睦相关的内容时，也十分鲜明地体现了这一根本思想。

应天地之情以修诚，精诚可动人。《庄子》强调人要"修诚"，"真者，精诚之至也。不精不诚，不能动人"①。道家所追求的真诚，是"修胸中之诚，以应天地之情而勿撄"②，其本质在于顺应天地万物的真实性情、自然规律，不要违背或扰乱它。此外还要"诚己"，即遵循自己真实的内心，"不见其诚己而发，每发而不当"③，如果不是出自真情实感，任凭情绪随意发泄外露，则不恰当、不适宜。

上善者，言善信。老子将道德修养的最高境界形容为"上善若水"，"水善利万物而不争，处众人之所恶，故几于道"④，水能滋润万物却不与之相争，停留在大家都不喜欢的低处，这种善几乎与"道"相近了。上善之人通常还具备以下品质："居善地，心善渊，与善仁，言善信，政善治，事善能，动善时。"⑤无论身在何处，心胸都能

---

① 方勇、刘涛译注：《庄子译注》，上海古籍出版社2019年版，第540页。
② 方勇、刘涛译注：《庄子译注》，上海古籍出版社2019年版，第409页。
③ 方勇、刘涛译注：《庄子译注》，上海古籍出版社2019年版，第392页。
④〔魏〕王弼注，楼宇烈校释：《老子道德经注》，中华书局2011年版，第22页。
⑤〔魏〕王弼注，楼宇烈校释：《老子道德经注》，中华书局2011年版，第22页。

够保持宽厚沉静，待人真挚友爱，说话诚实守信，为政善于治，处事尽所长，举止适其会。同时，因为有不争之德，所以也没有过失或是招人怨怼。可见，诚信是"善"的重要构成之一。

"信言不美，美言不信"①。漂亮话往往靠不住，真实可信的话语通常是朴实无华的。道家认为大道至简、大音希声，"信言不美"蕴含了道家抱朴守拙、返璞归真的精神追求。所以讲信也应顺从自然本真，去除刻意之情、欲求之心，做到"光矣而不耀，信矣而不期"②，光辉灿烂但不耀眼，真诚信实但不有所期求。同时，信诺也应当是慎重的，"夫轻诺必寡信，多易必多难"③，轻易许下的诺言，总是极少能够兑现，把事情想得过于简单，真正做起来势必困难重重。

"德信"的理想状态。老子也讨论过天下之治的问题，认为应以道德完善的圣人作为统治者，类似于儒家的"内圣外王"。"圣人常无心，以百姓心为心。善者，吾善之；不善者，吾亦善之；德善。信者，吾信之；不信者，吾亦信之；德信。圣人在天下，歙歙焉，为天下浑其心。百姓皆注其耳目，圣人皆孩之。"④圣人没有私心，唯以百姓为念，不论良善与否，都善待他们，这样人人都会向善；不论守信与否，都信任他们，这样人人都会变得诚实守信。在圣人看来，百姓如同婴孩般需要包容、体谅、关爱以及正确的示范，所以应以真诚不变的善与信来对待不善与不信，从而使天下归于浑

---

① 〔魏〕王弼注，楼宇烈校释：《老子道德经注》，中华书局2011年版，第200页。
② 方勇、刘涛译注：《庄子译注》，上海古籍出版社2019年版，第248页。
③ 〔魏〕王弼注，楼宇烈校释：《老子道德经注》，中华书局2011年版，第169页。
④ 〔魏〕王弼注，楼宇烈校释：《老子道德经注》，中华书局2011年版，第134页。

第一章
讲信修睦的思想渊源

朴,达到"德善""德信"。若实现"至德之世",则"不尚贤,不使能,上如标枝,民如野鹿,端正而不知以为义,相爱而不知以为仁,实而不知以为忠,当而不知以为信,蠢动而相使,不以为赐"①,不需要尚贤使能,君王如树枝般自然生长,百姓如野鹿般自由自在,人们行为端正但不知何为义,和谐友爱但不知何为仁,真诚老实但不知何为忠,处事妥当但不知何为信,相互帮助但不知何为恩惠。《庄子·杂篇·庚桑楚》提到的"至礼不有人,至义不物,至知不谋,至仁无亲,至信辟金"②也是这个意思,当实现"无为而治"理想状态时,诚信已如人的本能般自然,不需要贵重的东西作为凭证,甚至不需要成为一种具有教化意味的显性意识。

总体而言,从国家治理层面上看,道家主张以友善信任之心包容而平等地对待所有人,感而化之,最终实现人人真诚信实而不自知的至信至德之世。从个人修养上看,道家所提倡的是一种顺应天地秩序、符合自然规律、遵循真情实感的诚信观,它摒除了名利之求,朴拙而真实。值得注意的是,就像儒家认为讲信应以合乎大义为前提,道家也不主张盲目守信。《庄子·杂篇·盗跖》③讲述了尾生抱柱的故事,尾生与一女子相约在桥下相会,女子久候未到,水面上涨,尾生久候不去,最后抱梁柱而死。这个故事一直流传后世,常被奉为坚守信约的佳话,但盗跖却说"尾生溺死,信之患也",皆

---

① 方勇、刘涛译注:《庄子译注》,上海古籍出版社 2019 年版,第 200 页。
② 方勇、刘涛译注:《庄子译注》,上海古籍出版社 2019 年版,第 398 页。
③ 因该篇与其他篇目风格差异较大,也有许多人认为其是秦汉时期的伪作。

"离名轻死,不念本养寿命者也"①。在盗跖看来,尾生被守信的名节所累,轻贱生命,是为追求声名而违背天性本真的反面例子。换个角度来说,尾生甚至还没弄清楚女子不至的缘由就贸然赴死,这有违二人相约的初衷,也不符合事物发展的道理,可见尾生所守之"信"并非道家主张的去除刻意、顺应本真的"信"。所以,人们在许信践诺时,也应当认真审视、慎重行事。

(二)墨家

墨家是一个专注于经世致用的学派,其创始人为墨子,主张以兼爱、非攻、尚贤、尚同等基本思想为引领,"必兴天下之利,除去天下之害"②,墨家关于"信"的论述也建立在此之上。

墨子将"信"解释为"言合于意也",《经说上》进一步阐释道:"信,不以其言之当也,使人视城得金。"③信就是言语与心意相合,不伪饰,不在于说话恰不恰当,而在于所说即所想,且所言为实。就像告诉别人城上有黄金,别人上去后果然看见了黄金一样,这是有事实根据,并且通过实践验证的。墨家十分重视言论的真实性,这与墨子"言必有三表"的主张也是一致的④。

---

① 方勇、刘涛译注:《庄子译注》,上海古籍出版社2019年版,第511、520页。
② 吴毓江撰,孙启治点校:《墨子校注》,中华书局1993年版,第158页。
③ 吴毓江撰,孙启治点校:《墨子校注》,中华书局1993年版,第470页。
④ 墨子主张立言必须满足三个标准:有本之者,有原之者,有用之者。即有上古圣王的事迹本原作为考证依据,有百姓的日常事实作为考察依据,有是否符合国家与人民的利益作为实践依据,将历史经验、实际情况和实践效果作为提出理论的标准。

第一章
讲信修睦的思想渊源

在"言合于意"的基础上,墨家还强调"言"与"行"的一致性:"言必信,行必果,使言行之合,犹合符节也,无言而不行也。"① 墨子认为,人人都应当对自己的言论负责,"言足以复行者常之,不足以举行者勿常"②,言论可付诸实践的可以推崇,不能付诸实践的不可推崇,倘若不能实践却非要推崇,那就是"荡口",即空口妄言了。

此外,墨子认为真正的言行合一,还包括在人前与人后保持一致,这与儒家所说的"慎独"有异曲同工之处。在《耕柱》篇中,巫马子对墨子说:你这人行侠仗义,却不见有人帮助你,也不见有鬼神赐福给你,但你还坚持这么做,这是有疯病啊。墨子给巫马子打了个比方,说道:假设你有两个家臣,其中一个看见你就做事,没看见你就不做;另一个不论看没看见你都做事,你会更看重哪个人?巫马子答道:我更看重看见我做事,没看见我也做事的。墨子便说:既然如此,那你也看重有疯病的人了。③ 在这段辩论里,巫马子代表着许多趋利者的心态,认为始终保持表里如一是一件费力不讨好的事情。但墨子在巧妙的对答中揭示了一个道理:诚信实干的人会更为他人所倚重,也只有诚信实干的人才能为社会创造出更多的利益和价值。可以说,以诚信之心行正义之事,是墨家认为可兴天下之利的重要途径。

在此基础上,我们可以更好地理解墨家对"信"的社会政治价

---

① 吴毓江撰,孙启治点校:《墨子校注》,中华书局1993年版,第178页。
② 吴毓江撰,孙启治点校:《墨子校注》,中华书局1993年版,第659页。
③ 吴毓江撰,孙启治点校:《墨子校注》,中华书局1993年版,第657页。

值的重视。墨子认为，国家有"七患"，其中之一便是"所信者不忠，所忠者不信"[1]，信任的人不忠诚，忠诚的人不被信任。所以君主应"尚贤"，选拔、任用忠信之士。此外，墨家还主张"尚同"。墨子认为，天下之乱是因为主张不一、政令不同，需要推选聪慧贤良的"正长"作为天子，由天子发政施教，自上而下、层层效同，最后就可以"一同天下之义"[2]。所以，君主的品性对国家的影响尤为重要。"古者明王圣人所以王天下、正诸侯者，彼其爱民谨忠，利民谨厚，忠信相连，又示之以利，是以终身不餍，殁世而不卷。"[3]"政者，口言之，身必行之。今子口言之，而身不行，是子之身乱也。子不能治子之身，恶能治国政？子姑亡子之身乱之矣。"[4]为君者应当尽心爱护百姓，以忠信立身，带给百姓更多的利益。若是君主言行不一，嘴上说了却不去实行，自相矛盾，自己都管不好自己，更遑论治国理政了。可见，"信"是持身与治国的根本所在。

整体来看，墨家对"信"的理解主要表现在言意相合、言行一致，强调真实不伪、身体力行，体现出一定的唯物主义色彩。在《耕柱》篇中，墨子讲述了这样一个故事：季孙绍和孟伯常治理鲁国的政事，彼此互不信任，于是便去庙宇祝祷说：让我们能够和睦融洽吧！这就好比蒙上双眼去庙里祈求"让我能看见吧"一样，岂不荒谬！[5] 在墨子看来，信任无法依靠上天赐予，只能建立在人类彼此

---

[1] 吴毓江撰，孙启治点校：《墨子校注》，中华书局1993年版，第35页。
[2] 吴毓江撰，孙启治点校：《墨子校注》，中华书局1993年版，第116页。
[3] 吴毓江撰，孙启治点校：《墨子校注》，中华书局1993年版，第254页。
[4] 吴毓江撰，孙启治点校：《墨子校注》，中华书局1993年版，第709页。
[5] 吴毓江撰，孙启治点校：《墨子校注》，中华书局1993年版，第661页。

第一章
讲信修睦的思想渊源

的真诚态度与实际行动之上。

（三）法家

一般认为，法家代表人物之一管子是最早将"诚""信"合并连用的思想家，《管子·枢言》中提道："先王贵诚信，诚信者，天下之结也。"① 上古圣王皆以诚信为贵，有了诚信，天下各国就得以友好联结，可见诚信是交互往来的通则，也是凝聚人心的纽带。管子在论"成国之法"时，也强调了"上信而贱文"的重要性②。商鞅认为治国的三个要素为法律、信用和权力，其中除了权力要由统治者独自掌控，法律和信用的建立则需要君臣协作与配合来完成③。韩非子在法治思想的基础上提出七种可使国家安定的"安术"，其中第七种便是"有信而无诈"④。可以看到，法家以法治作为其学派的核心思想，主张以法促信、以信治国，并将之运用到治国理政的各个层面，最终达到富国强兵的目标。我们可以从国家治理的各个层面看出法家对诚信思想的运用。

---

① 黎翔凤撰，梁运华整理：《管子校注》全三册，中华书局 2004 年版，第 246 页。
② 《管子·侈靡》：故法而守常，尊礼而变俗，上信而贱文，好缘而好驵，此谓成国之法也。见黎翔凤撰，梁运华整理：《管子校注》全三册，中华书局 2004 年版，第 661 页。
③ 《商君书·修权》：国之所以治者三：一曰法，二曰信，三曰权。法者，君臣之所共操也；信者，君臣之所共立也；权者，君之所独制也，人主失守则危。见石磊译注：《商君书》，中华书局 2011 年版，第 105 页。
④ 《韩非子·安危》：安术：一曰，赏罚随是非；二曰，祸福随善恶；三曰，死生随法度；四曰，有贤不肖而无爱恶；五曰，有愚智而无非誉；六曰，有尺寸而无意度；七曰，有信而无诈。见〔战国〕韩非著，陈奇猷校注：《韩非子新校注》，上海古籍出版社 2000 年版，第 524 页。

读懂讲信修睦

为君立信。一方面是以身垂范,积微成著。韩非子以"齐王好服紫"①为例,说明上位者对民众的引领效应是十分显著的。正所谓"不躬不亲,庶民不信",要使百姓信任,君主必须以身作则,从小处着手,在日积月累之下,"小信成则大信立,故明主积于信"②。管子还强调为君者不可贪恋金玉财货,否则必有人投其所好,用来易官谋爵,这样一来,"贤者不为下,智者不为谋,信者不为约,勇者不为死"③,贤、智、信、勇之人得不到重用,参政的便都是下流之辈了。另一方面则要讲究方法,管子认为"近者示之以忠信,远者示之以礼义"④,对待身边的人要以忠信示之,这样臣民都愿意亲近、信任他,"不通人情以质疑,故臣下无信"⑤,若总是不近人情地怀疑臣子,那么臣民也不敢完全相信他。此外,还要用适当的利益和恩惠加以调和,"君以利和,臣以节信",则可以上下配合无间,这就是"君人者制仁,臣人者守信"⑥。

为臣忠信。管子认为,作为臣子,若得不到君主的信任,进

---

① 齐桓公喜欢穿紫衣,齐国都城上下便纷纷效仿穿紫色衣服,导致紫布价格大涨,甚至用五匹素布都换不到一匹紫布,齐桓公对此感到忧虑。管仲建议道,若想制止这种情况,不妨试试不穿紫衣,并和身边的人表示自己讨厌紫衣的气味。齐桓公按管仲的办法做了之后,很快国都中也没有人穿紫衣了。见〔战国〕韩非著,陈奇猷校注:《韩非子新校注》,上海古籍出版社2000年版,第701—702页。
② 〔战国〕韩非著,陈奇猷校注:《韩非子新校注》上海古籍出版社2000年版,第667页。
③ 黎翔凤撰,梁运华整理:《管子校注》全三册,中华书局2004年版,第1193页。
④ 黎翔凤撰,梁运华整理:《管子校注》全三册,中华书局2004年版,第454页。
⑤ 黎翔凤撰,梁运华整理:《管子校注》全三册,中华书局2004年版,第982页。
⑥ 黎翔凤撰,梁运华整理:《管子校注》全三册,中华书局2004年版,第583页。

第一章
讲信修睦的思想渊源

言就不会被听取或采纳，也就对社稷无所建树。所以，为人臣者必须得到君主亲信，那么就要做到："事君者无二心"①，对上忠实诚信，不存二心；"忠信而不党"②，在朝中持身秉正，不结党营私；"临事不信于民者，则不可使任大官"③，对下主事尽责得力，能够取信于民，这是作为臣子的忠信之法。

施政履信。如何施政是国家政治生活的重要环节，好的施政既要确保政令切实推行，还要得到百姓的信服与遵从。管子认为，"出令时当曰政"，颁布政令应当合乎时宜，同时也要守信于民，"出言必信，则令不穷矣"④，这样才能"致政，其民服信以听"⑤。韩非子提出，君主应当以"道"治政，即遵循事物的客观属性与发展规律，摒除个人的主观臆断，避免偏听，虚静以待，再根据效果执行赏罚，"二者诚信，下乃贡情"⑥，两方面都能切实做到，那么臣民也会献出自己的忠诚。

赏信罚必。除了政令本身的制定与实施，辅以相应的律法和赏罚机制是保障施政履信的重要措施。《管子·法法》篇详细论述了施政与法度、赏罚之间的互信关系："不法法，则事毋常；法不法，则令不行。令而不行，则令不法也；法而不行，则修令者不审也；

---

① 黎翔凤撰，梁运华整理：《管子校注》全三册，中华书局2004年版，第335页。
② 黎翔凤撰，梁运华整理：《管子校注》全三册，中华书局2004年版，第198页。
③ 黎翔凤撰，梁运华整理：《管子校注》全三册，中华书局2004年版，第59页。
④ 黎翔凤撰，梁运华整理：《管子校注》全三册，中华书局2004年版，第411页。
⑤ 黎翔凤撰，梁运华整理：《管子校注》全三册，中华书局2004年版，第893页。
⑥〔战国〕韩非著，陈奇猷校注：《韩非子新校注》，上海古籍出版社2000年版，第145页。

审而不行，则赏罚轻也；重而不行，则赏罚不信也；信而不行，则不以身先之也。故曰：禁胜于身，则令行于民矣。"① 也就是说，政令要通过强制性的法律来贯彻，强制性的法律要通过恰当的赏罚来落实。赏罚既要合度，也要真实可信，假如禁律能够约束君主自身，那么政令就可以在民众中通行了。韩非子指出，根据臣民各自的所作所为，当赏则赏，当罚则罚，只要善恶都有相应的果报，谁还敢不诚实守信呢？"规矩既设，三隅乃列"②。法家尤为注重赏信罚必，即赏与罚的如约履行，认为这是提高执政者民众信用度的重要手段，"赏罚不信，则民无取"③，"赏罚不信，则禁令不行"④。

关于赏罚方法和尺度的把握也有讲究。对于"赏"，应该"贵诚"，"赏庆信必，则有功者劝"⑤，"信庆赏，则民轻难"⑥，奖赏信实，对于有功之人是极大的鼓励，民众也更不惧死难。管子还提出富以养民的观点，《管子·揆度》中提道："天下宾服，有海内，以富诚信仁义之士，故民高辞让，无为奇怪者"⑦，只有让诚信仁义之人得益富足，人们才会更加自觉地修诚讲信、崇尚礼让。对于"罚"，

---

① 黎翔凤撰，梁运华整理：《管子校注》全三册，中华书局2004年版，第293页。
② 〔战国〕韩非著，陈奇猷校注：《韩非子新校注》，上海古籍出版社2000年版，第157页。
③ 黎翔凤撰，梁运华整理：《管子校注》全三册，中华书局2004年版，第48页。
④ 〔战国〕韩非著，陈奇猷校注：《韩非子新校注》，上海古籍出版社2000年版，第667页。
⑤ 黎翔凤撰，梁运华整理：《管子校注》全三册，中华书局2004年版，第256页。
⑥ 黎翔凤撰，梁运华整理：《管子校注》全三册，中华书局2004年版，第14页。
⑦ 黎翔凤撰，梁运华整理：《管子校注》全三册，中华书局2004年版，第1380页。

第一章
讲信修睦的思想渊源

应该"贵必","正法直度,罪杀不赦。杀僇必信,民畏而惧"①,法律公正、执法严明,凡有过者必须予以惩戒,犯杀罪者不可轻赦,只有刑罚得到坚决执行,民众才会感受到震慑与畏惧。韩非子还将奸邪比喻为老虎,并作了一段生动的描述:"主施其法,大虎将怯;主施其刑,大虎自宁。法刑苟信,虎化为人,复反其真。"②即便是凶猛如恶虎的人,只要严格落实法令刑罚,那么猛虎也会化人,回归其本来的面目。另外,还要注意赏罚是否适度,"夫赏重,则上不给也;罚虐,则下不信也"③,奖赏设得过高,可能会导致上级无力兑现;刑罚过于暴虐,反而会让百姓不能信服。最后,赏罚的执行必须公开,这样才能产生广泛的影响,"刑赏信必于耳目之所见,则其所不见,莫不暗化矣"④。如此赏信罚必双管齐下,久而久之便可以"罚未行而民畏恐,赏未加而民劝勉,诚信之所期也"⑤,在人民心中树立起对法律权威的信仰,就会自觉形成良好的行为规范,这便是运用诚信治国所期望实现的效果。

外交结信。前文提到管子说诚信是"天下之结",就是将诚信作为联结各诸侯的外交基本原则。《管子·匡君小匡》中总结了齐桓公的外交经验:"故钩之以爱,致之以利,结之以信,示之以

---

① 黎翔凤撰,梁运华整理:《管子校注》全三册,中华书局2004年版,第127页。
② 〔战国〕韩非著,陈奇猷校注:《韩非子新校注》,上海古籍出版社2000年版,第164页。
③ 黎翔凤撰,梁运华整理:《管子校注》全三册,中华书局2004年版,第569页。
④ 黎翔凤撰,梁运华整理:《管子校注》全三册,中华书局2004年版,第1042页。
⑤ 黎翔凤撰,梁运华整理:《管子校注》全三册,中华书局2004年版,第80页。

武。"①例如在各国遇到困难时出兵相助，先向对方伸出友爱的橄榄枝，联合作战取胜后大方让利，在后续来往时少纳而多馈、厚往而薄来，这是用利益吸引他们；在此基础上进一步缔结联盟，并信守诺言，这是以充分的诚信来结交；针对可能有异的国家，适时展示自身军队武装的强大，这是用武力进行威慑。这样一来，他国"喜其爱而贪其利，信其仁而畏其武"②，便都既信服而又有所畏惮，愿意与之亲睦、向其臣服。《管子·形势解》中对比了明主与乱主："明主内行其法度，外行其理义，故邻国亲之，与国信之，有患则邻国忧之，有难则邻国救之；乱主内失其百姓，外不信于邻国，故有患则莫之忧也，有难则莫之救也，外内皆失，孤特而无党，故国弱而主辱。"③可见，能否取得与国的信任，是国家遇到困境时"多助"还是"寡助"的重要因素。所以，《管子·问》中告诫边境官吏："小利害信，小怒伤义，边信伤德，厚和构四国以顺貌德"④，不要因小利、小怒而损害自己的信义，一定要与周边的国家保持和睦友善的关系。

社会诚信。法家也十分注重在社会管理的各个方面普及诚信观。例如职业诚信，《管子·乘马》中说："非诚贾不得食于贾，非诚工不得食于工，非诚农不得食于农，非信士不得立于朝。是故官虚而莫敢为之请，君有珍车珍甲而莫之敢有。君举事，臣不敢诬其

---

① 黎翔凤撰，梁运华整理：《管子校注》全三册，中华书局2004年版，第439页。
② 黎翔凤撰，梁运华整理：《管子校注》全三册，中华书局2004年版，第439页。
③ 黎翔凤撰，梁运华整理：《管子校注》全三册，中华书局2004年版，第1188页。
④ 黎翔凤撰，梁运华整理：《管子校注》全三册，中华书局2004年版，第499页。

第一章
讲信修睦的思想渊源

所不能。君知臣，臣亦知君知己也，故臣莫敢不竭力，俱操其诚以来。"①将诚信作为士、农、工、商各个行业行为规范的第一要则，只有这样，百姓才能够各安其位、各司其职，君臣彼此了解，臣下便不敢夸诞欺瞒，不敢不竭诚尽心地为国君效力。再如交游诚信，《管子·戒》中说："忠信者，交之庆也"②，忠信是与人交游的信条。管子认为，狡诈虚伪、不信不实，总和图谋利益的人相互往来，这种交情叫作"鸟集之交"，初时看似亲密无间，其后必会反目，"鸟集之交，虽善不亲"③，缺乏诚信的交情是不牢固也不长久的。

值得注意的是，法家认同人有好利恶害的本性，对于信任关系的建立和维护都持审慎态度，并且善于运用"法、术、势"等思想来对信任关系进行引导和制衡。如《管子·形势解》中提到，圣人许诺之前，先要讨论这件事的理义，一是看它是否合乎道义，二是看其是否有实现的可能性，"义则诺，不义则已；可则诺，不可则已"，所以圣人之诺未尝不信；而小人往往不论理义就轻易许诺，这种"必诺之言，不足信也"④。韩非子认为，信任关系不能靠人的偏好或者道德情感来建立。有些人"文辩辞胜而反事之情"，说话漂亮却不实用，君主喜欢听虚浮动听的话，就容易轻信他们，埋下祸乱的种子⑤。韩非子指出，明智的君主应当"恃势而不恃信""恃术而不

---

① 黎翔凤撰，梁运华整理：《管子校注》全三册，中华书局2004年版，第91页。
② 黎翔凤撰，梁运华整理：《管子校注》全三册，中华书局2004年版，第510页。
③ 黎翔凤撰，梁运华整理：《管子校注》全三册，中华书局2004年版，第1186页。
④ 黎翔凤撰，梁运华整理：《管子校注》全三册，中华书局2004年版，第1177页。
⑤〔战国〕韩非著，陈奇猷校注：《韩非子新校注》，上海古籍出版社2000年版，第682页。

恃信"。例如齐桓公相信管仲的才能，想要重用管仲，但同时令隰朋治内、管仲治外，形成相互牵制之势，以防管仲"乘势以治齐国"；箕郑随晋文公逃亡时与之失散，宁愿挨饿也不敢独吃干粮，晋文公认为箕郑这样的人不会背叛自己，就提拔他为原县之令，大夫浑轩听说后反对这一决定，认为"以不动壶餐之故"就相信箕郑不会背叛，这是没有"术"的表现。韩非子总结道："故明主者，不恃其不我叛也，恃吾不可叛也；不恃其不我欺也，恃吾不可欺也。"[1] 英明的君主，不能只依赖于别人的不欺瞒、不背叛，而应依靠自己的不可欺瞒与不可背叛。具体而言，包括明法制、去私恩、合符契、生赏罚等，通过法律、赏罚等制度体系对信任关系进行构建和约束，通过"术"的方法对信任关系进行调节和平衡。

总的来看，法家将"信"视作治理国家的重要手段，并强调需要借助系统化的赏罚制度以及"法、术、势"等思想来实现其效用，具有较强的功利主义、实用主义倾向。法家崇尚法治、以法促信的主张，也为当下强化规则意识，倡导契约精神，推进法治建设提供了宝贵的思想借鉴。

---

[1]〔战国〕韩非著，陈奇猷校注：《韩非子新校注》，上海古籍出版社 2000 年版，第 729 页。

第三节　讲信修睦思想的发展巩固

为解决春秋战国时期诸侯割据、社会失序的问题，儒、道、墨、法等学派形成百家争鸣的局面，讲信修睦思想也在这些思潮的碰撞和交融中逐渐充盈成形，形成了"言忠信，行笃敬""信合乎义""至诚如神""'信'入五伦""不精不诚，不能动人""言合于意、言行合一""以法促信、以信治国"等观点。这些深刻而丰富的论述既构成了讲信修睦思想的体系框架，也成为我国传统道德规范的重要组成部分，在中华文明的发展中产生持续而深远的影响。秦汉以降，各个朝代的思想家在先秦诸子的基础上不断进行充实、完善，进一步促进讲信修睦思想的发展与巩固。

一、秦汉至唐时期：政治诚信的发展

秦灭六国，结束了数百年的割据混战，建立起中国历史上第一个中央集权的封建国家。在封建社会发展的前期阶段，思想界关于讲信修睦的讨论大多是围绕着治理国家、巩固皇权而展开的。

战国末年，秦相吕不韦召集门客编纂《吕氏春秋》，该书"兼儒墨、合名法"[①]，集先秦诸子百家所长，是杂家的代表作之一。《吕氏春秋》中有"贵信"一文，专门讨论了诚信在国家治理中的重要性，"凡人主必信，信而又信，谁人不亲""信立则虚言可以赏

---

① 〔汉〕班固著，〔唐〕颜师古注：《汉书艺文志》，商务印书馆1955年版，第36页。

矣""以言非信则百事不满也"①。诚信是君主称王天下的必备品质,诚信可以使人亲附,也可以助人辨别真假,若无诚信则百事不能成功;"天行不信,不能成岁;地行不信,草木不大","天地之大,四时之化,而犹不能以不信成物,又况乎人事"②。此处将天地运行四时不悖的自然规律作为对"信"的理解之一,与儒、道对"诚"的诠释是一致的③,天地都必须忠实地遵循规律才能正常运行,何况人呢?所以,"信而又信,重袭于身,乃通于天",诚信加身就可与天意相通,将其运用到"治人",包括"君臣""处官""赏罚""交友""百工"等各个关系领域中,则"膏雨甘露降矣,寒暑四时当矣"④。秦完成统一后,主张以法为教,在实际运用中,乃是以重刑作为树立法律威信的主要手段。值得注意的是,秦虽崇法,但仍受儒、墨、道等各家的影响,例如1975年在湖北睡虎地出土的秦简《为吏之道》,其中对官吏"宽俗(容)忠信"的要求,以及以"中(忠)信敬上"为首的"吏有五善"等,便是儒家"忠信""仁爱"等有关个人品德修养的主张。

在历经了秦朝的暴政及快速灭亡后,后继王朝更加注重道德礼教的作用。汉初采取黄老治术,推行与民休息的政策,随着国家经

---

① 许维遹撰,梁运华整理:《吕氏春秋集释》全二册,中华书局2009年版,第535页。
② 许维遹撰,梁运华整理:《吕氏春秋集释》全二册,中华书局2009年版,第536页。
③ 如《中庸》的"诚者,天之道也",《庄子》的"修胸中之诚,以应天地之情而勿撄"。
④ 许维遹撰,梁运华整理:《吕氏春秋集释》全二册,中华书局2009年版,第536页。

第一章
讲信修睦的思想渊源

济、社会秩序的恢复以及封建制度的日趋成熟，汉武帝开始采纳董仲舒等人的建议，以儒家为正统，实行礼法并用、德主刑辅的治国方略，进一步巩固大一统帝国的统治。董仲舒十分重视"信"的道德价值和地位，称"《春秋》尊礼而重信，信重于地，礼尊于身"[1]。继孔子主张"仁、义、礼"，孟子提出"仁、义、礼、智"之后，董仲舒正式将"信"纳入人的基本道德规范，形成"仁、义、礼、智、信"的"五常"之道。董仲舒认为，"夫仁谊礼知信五常之道，王者所当修饬也；五者修饬，故受天之晁，而享鬼神之灵，德施于方外，延及群生也"[2]，帝王自身遵循五常，行为端正而不违礼义，才能得受天恩，泽被苍生。除了融合天人感应、君权神授学说以达到巩固皇权统治的目的，也体现了一种由官方主导的、自上而下进行道德教化的主张。可以说，将诚信等伦理道德的教化作为国策付诸实施亦始于斯。

魏晋南北朝时期，政权更迭频繁，社会动荡不安，儒家经学衰微，佛学兴起、玄学盛行，关于诚信等道德思想的讨论亦有所式微。至隋唐再次形成民族大融合的统一王朝，并在改革制度、对外开放、发展经济文化等方面颇有成效，成为中国封建社会的繁盛时期。在这个阶段，诚信已经成为治国理政的重要思想理念。在政论性史书《贞观政要》中，还有君臣探讨诚信治国的主题篇章，在此试举一二。贞观初年时，有人上书建议唐太宗李世民"佯怒以试群臣"，看看哪些人不畏雷霆敢于直言，哪些人不分是非只知顺情迎

---

[1]〔清〕苏舆撰，钟哲点校：《春秋繁露义证》，中华书局1992年版，第6页。
[2]〔汉〕班固撰，〔唐〕颜师古注：《汉书》第八册，中华书局2013年版，第2505页。

合，太宗认为君主作为施政之源，自己先行欺诈，却要臣下正直，就像"源浊而望水清"，是不合理的，所以婉拒了这个提议，表示自己"欲使大信行于天下，不欲以诈道训俗"。贞观十年，以直言敢谏著称的魏徵上疏太宗，先是强调了德礼、诚信作为立国之纲领，片刻不可偏废，其中诚信更是巩固君主地位与臣下忠心的保障："臣闻为国之基，必资于德礼，君之所保，惟在于诚信。诚信立则下无二心，德礼形则远人斯格。然则德礼诚信，国之大纲，在于君臣父子，不可斯须而废也。"随后又指出太宗"自兹厥后，渐恶直言，虽或勉强有所容，非复曩时之豁如"，不像早年般纳谏如流，导致忠正之臣不敢直言，奸佞之辈巧言令色。若要君上尊礼、臣下尽忠，则"必在于内外无私，上下相信"，要辨清君子与小人，则"怀之以德，待之以信，厉之以义，节之以礼"。贞观十七年，太宗与近臣谈及《论语》所说的"去食存信""民无信不立"，房玄龄对道："仁、义、礼、智、信，谓之五常，废一不可。"[①] 可以看到，至唐代时，诚信作为和睦君臣、治国安民所不可或缺的政治方法，已经成为统治阶层的共识，并时常以之自省自勉。

二、宋明时期：诚信思想的深化与提升

宋明理学的兴起为中国文化思想史发展带来又一个高峰，近代有学者将宋明理学称为"新儒学"，因为此时的儒学复兴突破了汉唐以来训诂经学的局限性，直接从先秦儒家经典中阐发、解读义理，

---

① 〔唐〕吴兢著，骈宇骞译注：《贞观政要》，中华书局 2011 年版，第 387—398 页。

第一章
讲信修睦的思想渊源

同时又吸收了佛家、道家的哲学理论,形成既注重思想性、逻辑性,又有经邦济世之实践精神的理学思潮。在这股思潮之下,宋明思想家对诚信相关话题的探讨,也将诚信从伦理道德规范凝练至思辨哲学的高度,是对讲信修睦思想的深化与提升。

宋明理学的开山祖师周敦颐继承并发展了《中庸》关于"诚"的论述,建立了以"诚"为核心的思想体系,清儒黄宗羲也说"周子之学,以诚为本"[1]。周敦颐提出以"诚"为中心的宇宙本体论,在其代表作《通书》第一章便开宗明义地指出:"大哉乾元,万物资始,诚之源也。乾道变化,各正性命,诚斯立焉。"[2]诚发于宇宙之源,并与之共生共长。作为天道的"诚"具有物的真实性与恒常性,所以周敦颐称"无妄则诚矣"[3],"寂然不动者,诚也"[4]。同时,"诚"也是道德本体论的核心,"诚者,圣人之本","纯粹至善者也"[5],是圣人的根基、德行的最高境界。作为"人道"的"诚"具有人的主体能动性,即便不能直接体悟天道之诚,也可以通过"致曲"的功夫,不断地修养、改变、完善自身,所以"至诚则动,动则变,变

---

[1]〔明〕黄宗羲:《黄宗羲全集》第四册,宋元学案二,浙江古籍出版社2012年版,第610页。

[2]〔宋〕周敦颐撰,徐洪兴导读:《周子通书》,上海古籍出版社2020年版,第33页。

[3]〔宋〕周敦颐撰,徐洪兴导读:《周子通书》,上海古籍出版社2020年版,第45页。

[4]〔宋〕周敦颐撰,徐洪兴导读:《周子通书》,上海古籍出版社2020年版,第35页。

[5]〔宋〕周敦颐撰,徐洪兴导读:《周子通书》,上海古籍出版社2020年版,第33页。

则化"①。"元亨,诚之通;利贞,诚之复"②,以通感体悟的动态人性之诚,追求永恒不变的静态物性之诚,无妄、不动的物性与动、变、化的人性便融合起来,如太极之两端,在一动一静之间达到天人合一的浑融状态。这样,周敦颐便将先秦儒家所说的"天道之诚"与"人道之诚"系统地联系起来。同时,他还指出"诚"在本体论以外的方法论意义:通过道德规范的引导,可以实现人性和社会的完善、接近自然宇宙的本真,而基本道德规范"五常"的根本正是诚信——"诚,五常之本,百行之源也"③。

张载和程颢、程颐("二程")等人也视"诚"为道德的根本所在,并将"信"诠释为"诚"的外化。如张载认为,"诚善于心谓之信"④,"诚故信,无私故威"⑤。二程也说,"学贵信,信在诚。诚则信矣,信则诚矣"⑥,"诚者合内外之道,不诚无物"⑦。信实守诺是立身、修习、处世的第一道德要则,要做到"信",便要诚心诚意地保持内心的纯正。此外,"诚"也是维系人与人之间信任关系的基点,这也可以适用于政治领域,"君推诚以任下,臣尽诚以事君,

---

① 〔宋〕周敦颐撰;徐洪兴导读:《周子通书》,上海古籍出版社2020年版,第46页。
② 〔宋〕周敦颐撰;徐洪兴导读:《周子通书》,上海古籍出版社2020年版,第33页。
③ 〔宋〕周敦颐撰,徐洪兴导读:《周子通书》,上海古籍出版社2020年版,第34页。
④ 〔宋〕张载撰,李峰注说:《正蒙》,河南大学出版社2016年版,第148页。
⑤ 〔宋〕张载撰,李峰注说:《正蒙》,河南大学出版社2016年版,第103页。
⑥ 〔宋〕程颢、〔宋〕程颐:《二程集》上,湖北人民出版社2017年版,第252页。
⑦ 〔宋〕程颢、〔宋〕程颐:《二程集》上,湖北人民出版社2017年版,第7页。

第一章
讲信修睦的思想渊源

上下之志通，朝廷之泰也"①，要维持君臣和睦、政令畅通，便要从互诚互信的根本做起。

作为宋明理学思想的集大成者，朱熹从内涵特点、价值定位等角度，对"诚"与"信"之间的关系作出更为清晰的论述和梳理。就"诚"而言，朱熹认为"诚"是自然的法则，是真实存在、表里如一的天理本然，"诚者，真实无妄之谓，天理之本然也"②，"诚，实也"③，"诚者，合内外之道，便是表里如一，内实如此，外也实如此"④。除了天理之诚，他还论及人事之诚，"诚之者，未能真实无妄，而欲其真实无妄之谓，人事之当然也"⑤，"盖诚之为言，实而已矣，……有以理之实而言者，……有以心之实而言者"。作为天道的"诚"是客观、真实的天理，是谓"理之实"，而作为人道的"诚之"则是以真实不作伪之心追求天理，是谓"心之实"。朱熹通过"心与理一"将"诚"的宇宙本体论（自然）与道德本体论（社会）进行了关联与整合。值得注意的是，"诚之"本身也具有实践论、方法论的意味，这就为"诚"与"信"的联结作好了铺垫。就"信"而言，朱熹认为"信"是一种关系的缔结与履

---

① 〔宋〕程颢、〔宋〕程颐：《二程集》下，湖北人民出版社2017年版，第611页。
② 〔宋〕朱熹撰：《四书章句集注》，中华书局1983年版，第31页。
③ 〔宋〕朱熹撰：《四书章句集注》，中华书局1983年版，第3页。
④ 〔宋〕黄士毅编，徐时仪、杨立军整理：《朱子语类》第二册，上海古籍出版社2023年版，第506页。
⑤ 〔宋〕朱熹撰：《四书章句集注》，中华书局1983年版，第31页。

行,"信,约信也"①,"信,是言行相顾之谓"②,"信是信实,表里如一"③。关于"诚"与"信"之间的区别,朱熹指出:"诚是自然底实,信是人做底实,故曰:'诚者天之道'。这是圣人之信。若众人之信,只可唤做信,未可唤做诚。"④可见,"诚"是天道自然的范畴,"信"是人类社会的领域,与"诚"相比,"信"虽然也同样强调真诚信实、表里如一,但侧重在"约信"与"言行相顾",也就是更偏向于人伦与实践。这样,从天道之诚、人道之诚,再到"信",便形成了"内诚于心,外信于人""以诚为本、以信为用"的从本体诠释到本体实践的诚信理论体系。

与程朱理学将"诚"视为外在的自然天理,并主张通过"格物致知"来穷尽宇宙万物之"理"不同,宋明理学的另一个支派陆王心学则从"本心"出发来理解"诚",并主张通过革除私欲、省察自身的内在功夫"致良知"⑤,实现心、理合一。心学创始人、南宋思想家陆九渊还将"忠""信"联合起来,认为二者本质上是相通无二的:"忠者何?不欺之谓也;信者何?不妄之谓也。人而不欺,何往而非忠;人而不妄,何往而非信。忠与信初非有二也。特由其不欺

---

① 〔宋〕朱熹撰:《四书章句集注》,中华书局1983年版,第52页。
② 〔宋〕黄士毅编,徐时仪、杨立军整理:《朱子语类》第二册,上海古籍出版社2023年版,第452页。
③ 〔宋〕黄士毅编,徐时仪、杨立军整理:《朱子语类》第二册,上海古籍出版社2023年版,第834页。
④ 〔宋〕黄士毅编,徐时仪、杨立军整理:《朱子语类》第一册,上海古籍出版社2023年版,第106页。
⑤ "良知"出自《孟子·尽心上》:"人之所不学而能者,其良能也;所不虑而知者,其良知也。"指人先天具有的道德意识。

第一章
讲信修睦的思想渊源

于中而言之,则名之以忠;由其不妄于外而言之,则名之以信。果且有忠而不信者乎?果且有信而不忠者乎?名虽不同,总其实而言之,不过良心之存,诚实无伪,斯可谓之忠信矣。"[1]何谓忠、信?内心坦荡不自欺称为忠,外在言行不虚妄称为信,二者虽称谓不同,但本质都是一种内在的、诚实无伪的良心。

心学的集大成者、明代思想家王阳明将"诚"视为道德的本体,就是"实理",也是"良知","诚是心之本体"[2],"诚是实理,只是一个良知"[3]。要恢复心之本体,就要从"思诚""立诚"开始。王阳明认为,慎独重在正视内心、独立思考,并强调其在"立诚"中的重要性:"此独知处便是诚的萌芽。此处不论善念恶念,更无虚假……于此一立立定,便是端本澄源,便是立诚。"[4]并且,良知常觉、常照如"明镜之悬",万事万物在其面前都"不能遁其妍媸","不欺而诚,则无所容其欺,苟有欺焉而觉矣;自信而明,则无所容其不信,苟不信焉而觉矣",良知真诚而无欺,这种真诚的境界是欺骗所不能容身的,所以遭受欺骗就会马上察觉;良知自信而明澈,这种自我信实的境界是不诚信者所不能容身的,所以遭遇不诚信也可以马上察觉,这就是所谓"诚则明,明则诚","至诚如神,

---

[1]〔宋〕陆九渊著,钟哲点校:《陆九渊集》,中华书局1980年版,第374页。
[2]〔明〕王阳明著,黎业明译注:《传习录译注》,上海古籍出版社2021年版,第133页。
[3]〔明〕王阳明著,黎业明译注:《传习录译注》,上海古籍出版社2021年版,第359页。
[4]〔明〕王阳明著,黎业明译注:《传习录译注》,上海古籍出版社2021年版,第131页。

可以前知"①。王阳明尤为注重"诚意"的修养功夫。朱熹认为人应先"格物致知",明白了其中的道理之后,才能毫无疑虑地践行道德规则。王阳明则提出修养的要领在"诚意","《大学》之要,诚意而已矣。诚意之功,格物而已矣。诚意之极,止至善而已"②。王阳明认为"身、心、意、知、物"其实是一件事,因为身、心本是一体,意念不会凭空而生,必须依附事物而存在。"故欲'诚意',则随意所在某事而格之,去其人欲而归于理,则良知之在此事者,无蔽而得致矣。此便是'诚意'的功夫"③,只有切实地将真诚贯彻到道德实践之中,才是真正"诚意"的功夫,才能"致良知",这也是王阳明所强调的"知行合一"。

总体而言,宋明理学的兴起,一方面,融儒、释、道之精华,从思辨哲学的层面对讲信修睦思想进行了深化提升;另一方面,宋明思想家重新释读先秦经典,朱熹编注"四书",对讲信修睦思想的阐发与普及都具有较大的推动作用,王阳明提倡"知行合一"的"诚意"功夫,也为诚信理念与诚信实践的融合提供了路径。

三、明末至清时期:诚信的实用化发展

明清之际,在社会急剧变动的背景之下,思想界也呈现出批判、

---

① 〔明〕王阳明著,黎业明译注:《传习录译注》,上海古籍出版社2021年版,第243页。
② 〔明〕王阳明著:《王阳明全集》第一册,中国画报出版社2016年版,第275页。
③ 〔明〕王阳明著,黎业明译注:《传习录译注》,上海古籍出版社2021年版,第291页。

第一章
讲信修睦的思想渊源

反思、求变的景象，在这个时期兴起的实学思潮以"崇实黜虚"为特征，呈现出注重客观性和实用性的唯物主义倾向。明末清初的三大思想家之一王夫之以"六经责我开生面"自勉，对包括诚信观在内的儒家思想进行了总结、反思与开拓。就其与诚信相关的思想主张来看，王夫之从本体论的角度指出"诚"是天地间切实存在的客观规律，这是不为人所左右的："夫诚者，实有者也，前有所始、后有所终也。实有者，天下之公有也，有目所共见，有耳所共闻也"[①]，"诚者，天理之实然，无人为之伪也"[②]。与此同时，王夫之还从认识论、方法论的角度提出"诚明相资"，即人可以观察、认识客观实在的宇宙规律，在身体力行中实现主客一体、天人合一。此外，王夫之还提出了义利合一的观点："立人之道曰义，生人之用曰利。出义入利，人道不立；出利入害，人用不生"[③]，讲求道德信义可使人立身于世，谋取利益可使人生存于世，舍义求利有失人道，完全不顾及利益，人也难以在社会上生活。所以，王夫之主张以义导利，实现天下之公利，就是"义之和"。王夫之的义利观为清代经济诚信的发展奠定了理论基础。

至明清时期，诚信思想已经对各行各业以及人们的社会生活产生重要的影响，其日常化、实用化的倾向也越发明显，如宋元话本、明清传奇等不少通俗文学中都有社会诚信观念的体现。尤其是随着

---

① 〔清〕王夫之著，王孝渔点校：《尚书引义》，中华书局1962年版，第60页。
② 〔清〕王夫之撰：《船山全书》单行本之十一 张子正蒙注·思问录·俟解·黄书·噩梦·识小录·搔首问·龙源夜话，岳麓书社2011年版，第136页。
③ 〔清〕王夫之著，王孝渔点校：《尚书引义》，中华书局1962年版，第36页。

明清商业贸易经济的快速发展，"童叟无欺""诚信为本"等诚信思想成为商人普遍赞赏与认可的道德规范与经营之道，并且涌现出徽商、晋商等以"诚信为商"作为立业信条的商帮代表。以上这些诚信思想的实用化特征，我们都可以在下一章"中国古代对讲信修睦的实践"中看到更加生动的案例。

第二章

中国古代对讲信修睦的实践

第二章
中国古代对讲信修睦的实践

讲信修睦作为一种道德规范与价值理念,在不同思想学派中都被纳入提升个人修养、处理社会关系乃至安邦定国的行为准则之中,在许多历史事件、人物典故乃至流传甚广的口传叙事中,都内含对讲信修睦思想的主张与践行,这也是人们日用而不觉的价值观与传统处世智慧的形成过程。本章从立身、齐家、建业、治国四个方面,探究中国古代的先辈们如何身体力行地诠释与实践讲信修睦思想。

第一节 以信立身

中华传统文化素来十分注重个人道德修养的提升,认为这是为人处世的根本所在,也是实现齐家治国等人生理想的起点。而修身的第一步,则在于立诚立信。正如孔子所说,"人而无信,不知其可也",诚信是判断个人品质的基本标准。诚信的这种基础性,决定了人的后期学习效果与成长方向,所以儒家认为"礼必以忠信为质,犹绘事必以粉素为先"。可见,诚信是修德立身的"原点"所在,这也是千百年来众多贤士君子的共识。

一、自我之信：诚己与慎独

以信立身的第一步在于树立自我之信。

所谓"自我之信"，首先在于诚实地面对自我，诚己而不自欺。战国时期，吴王寿梦有个最小的儿子叫季札，人称公子札，因其封邑在延陵，故又称延陵季子。有一次，季札奉命往西去访问晋国，中途顺路拜访了徐国的国君。徐君看见季札的随身佩剑，十分喜欢，但又不好意思开口索要。徐君虽不动声色，但喜爱之情已然溢于言表，季札看了出来，内心亦有意赠剑，但因为还有出使晋国的任务，佩剑是使臣所必备的礼节，所以未将宝剑献出，心里却已打算从晋国回来的时候把剑送给徐君。待季札从晋国出使回来，再路过徐国的时候，却发现徐君已经在楚国去世了，于是便打算将佩剑送给继任的嗣君。随行的侍从见状，赶紧阻止道：这把剑是吴国的至宝，不可随意赠送啊！季札答道：我不是随意赠送的。先前我到徐国的时候，徐君看见我的佩剑，虽然嘴上没说什么，但能看出来他十分喜爱并且想要得到它。我因为有出使上国的任务，所以就没将佩剑献上，但心里已经答应了要把此剑送给他了。如今徐君死了，我就不把剑送给他，这是欺骗自己的内心。因为爱惜不舍宝剑而违背自己的良心，正直的人是不会这么做的。于是便解下佩剑，送给徐国的嗣君。嗣君认为先君既然没有留下遗命，自己也不敢接受宝剑，婉拒了季札。季札便将宝剑挂在徐君墓旁的树上，随后离开了徐国。后来徐国人还为此传唱了一首民谣，赞叹"延陵季子兮不忘故，脱

第二章
中国古代对讲信修睦的实践

千金之剑兮带丘墓"[1]。这个故事说的是季札履行了送剑给徐君的承诺,但这个承诺事前并未宣之于口,而且事态也发生了变化(徐君已死),所以承诺是否存在、兑现与否根本无迹可寻。因此,与其说季札挂剑是承徐君之诺,倒不如说是履行自己与自己内心的约定。既然已经下定了决心,那么便要坚定地去完成它,"诚于心""信于己",只有敢于诚实地面对自己的内心,并且为自己的决心负责,才能做到由内而外的诚信。

自我之信不仅难在有"诚己"的决心,更难在抵制各种可以自欺欺人的诱惑与借口。

比如让人难以抗拒的人情利益。东汉有个才子叫杨震,少时隐居,直到五十岁才被大将军邓骘举荐,出仕州郡。在历经数次升迁后,杨震由荆州刺史升任东莱太守,赴任途中路过昌邑县,县令王密正好是杨震曾举荐过的一个茂才。至夜幕降临时,王密前去驿馆拜见杨震,并悄悄带了整整十斤黄金作为赠礼。杨震拒绝了赠金,并对王密说:我们也是故人了,我了解你的才华所以举荐你,你却不了解我的为人,这是为何?王密以为杨震是怕被别人知道收受黄金一事,于是便劝慰道:我是趁天黑才来的,没有人看见。孰料杨震听后更加生气,只说:天知,神知,我知,子知。何谓无知者!王密只好带着黄金羞愧地离开了。杨震后来又转任涿郡太守,一直秉性公廉,不受私谒,子孙也同寻常百姓般蔬食步行。有一些交情笃深的亲朋好友想帮杨震家里置办一些产业,杨震都一一拒绝了,

---

[1]〔汉〕刘向著,卢元骏注译:《新序今注今译》,天津古籍出版社1987年版,第221页。

并说道：让后世称他们为"清白吏子孙"，以此作为遗产，不也很丰厚吗？① 这就是著名的"四知先生"杨震拒金的故事。杨震对王密有举荐之恩，在古代通常可视杨震为王密的恩师，王密报答恩师以金相赠，暂且不论赠礼几何，这种做法似乎也是社会中常有的人情世故，不少人在半推半就之下就心安理得地收下了，何况还是黄金这样充满诱惑力的"天然货币"。但这样的顺水推舟实际上只是一种自我蒙蔽，久而久之，人便习惯于自欺，为人不诚，则道德底线也会一降再降。

又如一些偶然发现的"无主之财"。明代有个书生叫罗伦，在赴京赶考的途中发现路费不太够，心生忧虑。这时，身边的仆人对他说道：先生不必担心，我在路过山东的时候捡到了一只金镯子，我们可以把它当了作为路费。罗伦听了很生气，执意要回去找到失主，把镯子还给人家。仆人连忙阻拦，说：不行啊，这样一来一回要花很长时间，一定会耽误考试的。罗伦说道：这镯子说不定是哪个仆人不小心遗失的，万一因此被主人拷打讯问，甚至致死，这将是谁的罪过？我宁可不参加考试，也不忍看到有人因为我而死于非命。最后，罗伦终于找到失主，归还了金镯。失主是一位夫人，在洗脸时不小心把手镯遗留在了面盆中，而婢女也没留意，倒水时把镯子一同倒掉了。女主人发现镯子丢失，便怀疑是婢女偷的，还用鞭子抽打她，导致其受伤流血，几次都要寻死。男主人则怀疑妻子另有私情，对其辱骂不休，以致妻子在羞怒之下上吊自杀，幸好被人及

---

① 参考〔宋〕范晔撰，〔唐〕李贤等注：《后汉书》全十二册，中华书局1965年版，第1760页。

第二章
中国古代对讲信修睦的实践

时救下。罗伦赶到后,把镯子交还给原主,得到其全家上下的一致感激。接着,他又带着仆人急行上京,堪堪在开考前赶到,匆匆忙忙中交了卷子,没想到最后竟然中举了,还是状元及第。在这个故事中,罗伦可谓是拾金不昧的典范。寻常人在路上遇见这样的无主之财,尚且要克制内心的贪念,才能做到不据为己有。而罗伦之还镯,不仅需要来回奔波数日,还极有可能导致误考,这可是影响人生前途的大事。但罗伦还是坚持宁可缺考也要及时归还失物,可见其至诚至善,且还有极为坚定的内心。值得注意的是,故事还从另一个角度为我们展示了一件失物背后可能会发生的连锁反应,它也许不仅只是财物的损失,甚至可能关乎人的清誉乃至性命。罗伦的换位思考与共情能力,也是促使他坚守己心,诚信还镯的一个重要因素。

再如一些看似无足轻重的"小事"。北宋有位名为查道的贤臣,为人十分忠孝仁厚,《宋史·查道传》中记载了他隆冬为母求鱼、独自深入匪营招安、开仓赈灾、救助孤寡、热心助人等感人事迹,其中还提及一件细微而日常的小事。说是查道有一次外出巡察,路边恰好碰见挂满佳果的枣树,仆从见了便去摘些呈给查道消渴解乏,查道不赞同仆从的不问自取,但也没有因此过于苛责,只是按照枣的市价把钱挂在枣树上,然后才离开。这个事情与查道生平的诸多事迹相比可谓是微不足道,但也被史官收入传记之中,可见人的品性往往于细节处见真章。《元史》也记载了一件相似的逸事,说的是元初著名的思想家许衡,有一回路过河阳[①]某地,看见路边有一棵结

[①] 古县名,辖区大致分布在今河南省洛阳市孟津区和孟州市。

读懂讲信修睦

满果子的梨树，因为时值酷暑，旅途之人赶路劳顿，皆是又渴又累，于是众人都争先恐后地去摘梨子，只有许衡一人端坐于树下，泰然自若。有人问他为什么不去摘梨吃，许衡回答说：不是自己的东西，不能随便乱拿。那人便道：现在世道正乱，这棵梨树也没有主人了。许衡又答：梨树没有主人，我们的心也没有主人吗？别人遗失的东西，只要不符合道义，即使是一丝一毫也不能收受。别人院子里的果树，纵然已经熟透掉落在地上，就算是小孩路过，也应当目不斜视地径直离开，这是家人对他的教养。① 在许多人看来，在疲乏不堪、饥渴难耐的情况下，摘一两个路边的果子生津解渴是情有可原的"小事"，何况许衡遇见的还是乱世中的无主之梨，这样计较是否有些小题大做呢？然而这些被冠之以"微小""无妨"的说辞，却恰恰是怂恿自我逃避负责和履信的借口。只有在所有的小事中都坚守自我，才能葆有诚实、坦荡如一，也就不会让道德操守这千里之堤溃于视若无睹的小小蚁穴。

自我之信最后的落脚点是意与言合一、言与行合一。道家认为"信言不美，美言不信"②，"光矣而不耀，信矣而不期"③，"轻诺必寡信"④，一个由内而外都忠诚信实的人说出来的话往往是质朴而审慎的。荀子也指出"不诚于内而求之于外"，"不足于信者诚言"⑤，急于

---

① 〔明〕宋濂撰：《元史》全十五册，中华书局1976年版，第3716—3717页。
② 〔魏〕王弼注，楼宇烈校释：《老子道德经注》，中华书局2011年版，第200页。
③ 方勇、刘涛译注：《庄子译注》，上海古籍出版社2019年版，第248页。
④ 〔魏〕王弼注，楼宇烈校释：《老子道德经注》，中华书局2011年版，第169页。
⑤ 〔清〕王先谦撰，沈啸寰、王星贤点校：《荀子集解》，中华书局1988年版，第506页。

第二章
中国古代对讲信修睦的实践

表现、过甚其辞的反而是自诚自信不足之人。史上也有不少这样表里不一的权臣,比如唐代的"笑里藏刀"李义府和"口蜜腹剑"李林甫。

李义府本是瀛州饶阳①人,其祖父隋时定居盐亭②,贞观年间,李大亮巡查剑南道,见李义府颇有文才,便举荐其入仕,初为门下省典仪,后升至弘文馆学士,高宗时因助立武后,加官进爵,任中书令、检校御史大夫、太子宾客、河间郡公等。李义府外表看起来温和有礼,和人说话时总是面带微笑,如春风拂面,然而内心却阴险偏狭,猜忌心、嫉妒心重,还十分记仇,凡是冒犯过他或是不合其意的人,都要设法中伤陷害。因此,时人便称他笑里藏刀,因为他表面温柔而背地却害人,又有人给他取了个"李猫"的外号。龙朔三年(663年),高宗让李义府主持铨叙,李义府自身无品,无以鉴才,又有"溪壑之欲",贪得无厌,所以选拔录用只问贿赂,并不认真遴选鉴别,导致人人讽叹不齿。再加上他的母亲、妻儿都收受贿赂,买卖官爵,枉法断狱,甚至到了门庭若市、沸沸扬扬的地步。后来被右金吾仓曹参军杨行颖告发,高宗下诏令刑太常伯刘祥道与三司会审,最终判处李义府革职流放,朝野上下无不拍手庆贺。③

李林甫出身李唐的远房宗室,是长平肃王李叔良的曾孙,因为

---

① 今河北省衡水市饶阳县。
② 盐亭县,隶属四川省绵阳市。
③ 参考〔后晋〕刘昫等撰:《旧唐书》全十六册,中华书局1975年版,第2765—2772页。〔宋〕欧阳修,〔宋〕宋祁撰:《新唐书》全二十册,中华书局1975年版,第6339—6342页。

读懂讲信修睦

善于音律而深受舅舅姜皎的喜爱。李林甫入仕后,从千牛直长逐步累升,至开元二十二年(734年)官拜相位,前后在任长达十九年。李林甫为人"柔佞多狡数",伪善谄媚,擅长狡诈的权术,他与宦官妃嫔都有匪浅的交情,所以对皇帝的一举一动了如指掌,每每奏对都能深获上心。据史料记载,李林甫"自无学术,仅能秉笔",在吏部任职时,看到一个叫严迥的候选官员,其判语有"杕杜"两个字,李林甫不识"杕"字,就问吏部侍郎韦陟"杖杜"是什么意思,韦陟只低头不语,不敢直言。又有一回,李林甫舅舅家的表弟太常少卿姜度生了儿子,他写信去贺,将"弄璋"写成了"弄獐",宾客见了无不掩口止笑。所以亦有人称李林甫为"杖杜宰相""弄獐宰相",以讽其胸无点墨。或是因为自身学问不足,又惹笑谈,李林甫十分忌恨有才名的人,"有才名于时者尤忌之","尤忌文学之士,或阳与之善,啖以甘言,而阴陷之",经常表面与之交好,好话道尽,待发现其弱点或过失后,就伺机进谗言构陷他们,所以朝中之人都说"李公虽面有笑容,而肚中铸剑也","口有蜜,腹有剑",也有人称他为"肉腰刀"。[①] 宋祁、欧阳修等人编撰《新唐书》时,将李林甫收入"奸臣传"序列。

像李义府、李林甫这样的人,或颇具才能,或极善钻营,然而都是面善心狠的不诚不信之人,他们或许会在短期内获得功名成就,却无法得到长久而广泛的社会认可,甚至还会产生极为恶劣的社会

[①] 参考〔后晋〕刘昫等撰:《旧唐书》全十六册,中华书局1975年版,第3235—3241页;〔宋〕司马光编著,〔元〕胡三省音注:《资治通鉴》,古籍出版社1956年版,第6853—6854页;〔宋〕袁枢编撰:《通鉴纪事本末全译》下,山西古籍出版社1993年版,第1703—1710页。

影响,如司马光评李林甫乃"养成天下之乱"①。因此,我们也就不难理解孔子为何将"心达而险,行辟而坚,言伪而辩,记丑而博,顺非而泽"视为"五恶",并对此深恶痛绝,这五类人从本质上说都是表里不一的"非信"之人,而且往往在初时都具有迷惑性,但对社会的贻害却极大。

总的来说,树立自我之信,实际上就是正确处理与自我的关系问题,通过不自欺,以真诚信实的态度来贯彻言行的始终,做到意、言、行合一,从而实现身心的和谐。《庄子》说"不见其诚己而发,每发而不当",其实就是一种不和谐的状态。实现自我之信的关键,还在于"慎独",即克制人性怠惰逐利甚至谋私趋恶的一面,严于律己,保持前后表里的诚信如一。

二、与人之信:守信与信任

以信立身的第二步在于建立与人之信。人具有社会性,道德是协调社会秩序的主要规范之一,个人的品质特点必然会在人际交往中得到体现。孔孟将"信"作为朋辈交往最重要的道德守则,实际上便是将诚信视作与他人交往的基石,也是判断一个人"可也"的标准之一。

"与人之信"最重要的一个特征,便是信守之前许过的承诺。我们先从两个故事说起。

---

① 〔宋〕司马光编著,〔元〕胡三省音注:《资治通鉴》,古籍出版社1956年版,第6914页。

读懂讲信修睦

汉朝的开国功臣韩信，出身平民，早年家境贫寒，品行也无甚出众，既不能做官，也无法经商做些买卖营生，常常寄人篱下蹭吃蹭喝，不少人都有些厌恶他。不得已，韩信只好到城下的河边钓鱼充饥。河边有许多妇人在漂洗丝絮，其中一位大娘见韩信饿得不行，就把自己带来的饭分给了他，一连几十天都是如此。韩信十分感激，就对这位大娘说："我以后一定会重重地报答您！"谁知大娘听了反而十分生气，说："大丈夫不能自食其力，我是看你可怜才给你饭吃，难道是指望你有所回报吗？"秦末天下大乱，韩信最终投入刘邦麾下，并以其杰出的军事才能相助刘邦争夺天下。后来韩信受封楚王，想起当年于他有赠饭之恩的大娘，便派人去将她寻来，并兑现了自己的承诺，送给她一千两黄金作为报答。后世也将韩信守信报恩的佳话称为"一饭千金"。①

东汉有个叫郭伋的名臣，为官素有威望和信义。建武十一年（35年），卢芳占据北方与东汉朝廷对峙，光武帝任命郭伋为并州牧。刚到任时，郭伋去辖地巡视，到西河郡美稷县②时，有数百名儿童骑着竹马，夹道欢迎。郭伋问他们："你们为何远道而来呀？"这些孩子答道："听说使君要来，我们很高兴，所以都来欢迎您！"郭伋对他们表示了感谢。待处理完公务，这些孩子又纷纷来给郭伋送行，一直送到城外，还问他什么时候再来，郭伋让别驾从事史算好日程并告诉了他们。待巡视后重返美稷时，比预计的日子早了一天，郭伋考虑到之前答应过孩子们的话，不想失信于他们，便在野外的

---

① 参考〔汉〕司马迁撰：《史记》全十册，中华书局1959年版，第2609—2626页。
② 今内蒙古准格尔旗沙圪堵镇纳林村。

第二章
中国古代对讲信修睦的实践

亭子里住了一晚,到了约定好的日子才进城。①

在这两个故事中,结信的双方实际上都处于一种"弱关系"的状态。漂母与韩信只是萍水相逢,并且漂母明确表达了自己赠饭只是出于怜悯之心,并不求回报,更别说留下字条信件作为凭证了。而郭伋是地方长官,对方只是一群稚童,何况郭伋也只是告知了孩子们预计返程的日子,早一天晚一天都属情理之中。在这样不对等的"弱关系"中,既没有第三方作为监督见证,双方也鲜有交集,常人很容易会遗忘或者忽略自己曾经应承的事情,即便回想起来大概也觉得无伤大雅。所以,韩信、郭伋能够坚持履信就显得难能可贵,也更突出了他们过人的诚信品质。

除了需要慎重而平等地对待自己的每一个诺言,与人建信的另一个难点在于克服某些客观因素带来的阻碍。

三国时期,东吴上虞有个叫卓恕的名士,为人以忠信著称,十分重视信誉,只要和人约定好了,那么就算遇上狂风暴雨,也一定会按时赴约。有一次,卓恕从建业(今江苏省南京市)回老家上虞,离开前向太傅诸葛恪告别,诸葛恪问他什么时候回来,卓恕便说了一个日子,并表示当天一定再来拜见。到了这天,诸葛恪准备好了宴席,邀请了不少宾客,但他请大家等卓恕到了再开宴。众宾客听说了事情的来龙去脉,都觉得会稽②到建业相距千余里,什么时候能回来根本说不准,一时议论纷纷。没想到,等了一会,卓恕就赶到

---

① 参考〔宋〕范晔撰,〔唐〕李贤等注:《后汉书》全十二册,中华书局1965年版,第1091—1093页。
② 上虞隶属会稽郡。

了，在座的宾客无不大感吃惊。①

明初著名的文学家宋濂年幼时便十分好学，只是家中贫穷，无力支付买书的费用，只能经常向别人借书，再由自己手抄笔录。借书一般事先约定好时长，到期马上归还。有时候冬天太冷，砚池结了冰，十根手指也冻得僵直了，宋濂还是不敢懈怠，每次借了书都一刻不停地抓紧抄录，以便按时给人送还回去，半天也不敢逾期。正是因为每次都守信还书，所以大家都愿意把书借给宋濂，他也因而得以博览群书，成为一代名家。②

在现实生活中，我们总是会遇见各种各样的挫折，有时可能是一些突发的意外状况，有时可能是一些难以避免的客观困难，这些意外会影响原定计划的实现，包括与他人的约信。或许在很多人看来，因为一些预料之外的客观因素而延迟或更改信约，都是情有可原、情理之中的人生常态，但在许多时候，"无法"如约或许只是因为"难以"如约。倘若能够如卓恕、宋濂般有克服重重困难的决心与毅力，对他人的承诺就极少有不能完成的，信誉也就在这一次次的守信中逐渐树立起来了。也正是因为如此，诸葛恪敢于停食等候卓恕，有藏书的人家也愿意一直借书给宋濂，这就是长期与人为信的成效。

除了克服外在的困难，与人建信有时还要做到坚守内心，尤其是要经受住利益的诱惑。史上有不少此类典故，此处试举几例与"还钱"有关的故事。

---

① 参考〔宋〕李昉等撰：《太平御览》，中华书局1960年版，第1982页。
② 参考〔明〕宋濂著：《宋濂全集》第六册，浙江古籍出版社2014年版，第1877页。

第二章
中国古代对讲信修睦的实践

东汉时期，汝南平舆①有个叫阎敞的人，他在郡府里担任五官掾的时候，正好碰到朝廷征召太守，太守临行前将自己存下的一百三十万钱俸禄寄存在阎敞处，阎敞便将这笔钱埋在了堂屋的地底下。后来太守不幸举家病死，只有一个九岁的孙子成了仅存的遗孤。太守生前曾交代孙子，自己有三十万钱寄存在五官掾阎敞处，以后可以前往取用。后来，太守的孙子长大了，找到阎敞，想取回祖父存下的钱。阎敞见到太守的孙子，不禁又悲又喜，将钱尽数取出还给了他。太守的孙子说："祖父只跟我说有三十万钱，你却给我一百三十万钱，我实在不敢收下。"阎敞说："那是你祖父病中说错了，请不必怀疑，确确实实是一百三十万钱。"接着便把所有的钱都交还给了太守的孙子。②

《尚书谈录》记载了唐朝宰相李勉的一则逸事。天宝年间，李勉游学时，与一个旅居的书生同住在宋州的一家客店。没过多久，书生得病不治，临终前对李勉说："我家原在洪州，这次本来打算到北都去谋求官职的，不想却要在这里病死了，这或许就是命吧。"接着从行囊里取出百两金交给李勉，并交代说："我的仆从都不知道有这袋金子，你帮我处理完后事，剩下的金子便都送给你了。"李勉答应了书生的请求，待完成所有丧仪后，将剩下的金子放入书生墓中，与他一同下葬了。数年之后，李勉已经任职开封县尉。书生的兄弟带着洪州的文书，一路寻找书生的行踪，到了宋州，知道是李勉为书生办理了丧事，就专程到开封去找李勉，询问金子的下落。李勉

---

① 现隶属于河南省驻马店市。
② 参考〔宋〕李昉等撰：《太平御览》，中华书局1960年版，第3734页。

便带书生的兄弟来到书生墓前,并将金子挖出来交给了他。①

《唐语林》也提到了一个与"李勉埋金"相似的故事。唐代有个叫崔枢的书生,他在汴梁备考进士时,曾与一个海商合住了半年。后来这个海商生了病,且病情日益沉重,于是便对崔枢说:"这段时间承蒙你照顾,没有因为我是外邦人而轻视我。我的家乡有土葬的风俗,如今我沉疴难起,待我死后,你能按我家乡的风俗帮我料理后事吗?"崔枢答应了下来。那海商又说:"我这有一颗价值万贯的珠子,得之能蹈火赴水,可谓是世间至宝,我现在把它送给你。"崔枢把珠子接了过来,说道:"我若考上了进士,朝廷会有俸禄供给,怎么能私蓄这样的异宝呢。"于是,在海商死后,崔枢趁无人时将宝珠放入海商的棺枢,让珠子随着海商一同下葬了。又过了一年,崔枢到亳州谋生,听说海商的妻子过来寻夫,并打探宝珠的下落,现在已经告到了官府,说宝珠必定是被一个姓崔的秀才拿走了。官府派人追捕崔枢,崔枢说:"只要海商的墓没有被盗墓贼发现,那珠子就一定还在棺枢里。"官府便按崔枢所说派人开棺,果然发现了宝珠。当时的汴帅王彦谟听说了此事,惊叹于崔枢的节操,想将他招为幕僚,被崔枢婉拒。第二年,崔枢考中进士,后来还做到了主考官,一直颇有清名。②

《东轩笔录》记载了一则北宋大家范仲淹归还"炼金术"秘方的逸事。范仲淹年少时很是贫穷困苦,曾寄居在睢阳一户朱姓人家中,那时他与一个术士交好,往来密切。后来术士病重,请人将范仲淹

---

① 参考〔宋〕李昉等编:《太平广记》全十册,中华书局1961年版,第1203页。
② 参考〔宋〕王谠著:《唐语林》,古典文学出版社1957年版,第8—9页。

第二章
中国古代对讲信修睦的实践

叫到跟前,并告诉他说:"我擅长将水银炼为白金,但我的儿子还太过年幼,不足以托付,现在我将炼金的方子交给你。"随即将秘方和之前炼成的一斤白金一并封好,放入范仲淹的怀中。范仲淹刚想推辞,不想术士却已气绝身亡了。过了十几年后,范仲淹做了谏官,术士的儿子也长大了。范仲淹让人将术士之子带来,对他说道:"你父亲身怀炼金神术,当年他过世的时候你年纪尚幼,所以将秘方托付我保管。如今你已长大成人,我也应当把它还给你了。"接着,范仲淹取出密封好的秘方和白金,一并交给了术士的儿子,上面的封志还同当年一样完好无缺。①

《清稗类钞》收录了一个关于寄存财物的故事,说是有一个吴县人叫蔡璘,为人重诺重责,也很讲朋友义气。曾经有一位朋友把上千两金银寄放在蔡璘处,也没有立下字据。没过多久,这位朋友不幸身故,蔡璘便将朋友的儿子叫来,要把金银全部交还给他儿子。朋友的儿子十分惊讶,也不愿贸然收下金银,说道:"呀,没有这样的事,哪有寄存这么多金银却不立下字据的,况且我父亲也从未跟我提过此事。"蔡璘笑道:"字据是立在心里,而不是立在纸上的,你父亲了解我的为人,所以才没有跟你说。"最后,蔡璘用车子把金银装好,全部运送给了朋友的儿子。②

以上便是五则在历史上流传甚广的"还钱"故事。这些故事都有"临终托金"的性质,也就是说,原主在把"金"交给故事主人公后不久就去世了,并且都没有留下字据凭证,有的甚至已言明属

---

① 参考〔宋〕魏泰撰,李裕民点校:《东轩笔录》,中华书局1983年版,第33—34页。
② 参考〔清〕徐珂编撰:《清稗类钞》第六册,中华书局1986年版,第2597页。

于相赠。在这样的情形下，主人公相当于或是突然获赠，或是突然拥有了一笔暂时无主的财富，这无疑是一种巨大的诱惑。但在这些故事中，主人公都坚守了内心的信念，并不贪恋这些本不属于自己的"不义之财"，也正是这份诚信磊落，让他们最后免于是非官司，留下一世清名。值得注意的是，相似的母题，在绵延上千年的数个朝代都有不同的版本在流传，可见由古至今，人们对不昧他人财物、始终诚信守诺的人都是十分推崇和赞赏的。

与人建信，除了自身守信，如何信任他人也是一门学问。

春秋战国时期，孔子周游列国，鲁哀公六年（公元前 489 年），楚昭王有意请孔子出仕，孔子便带着弟子从陈国动身前往楚国。时值吴伐陈、楚救陈，陈、蔡二国的大夫担心孔子为楚所用，派人将孔子围困在陈国、蔡国之间的郊野，孔子一行受困于此，甚至到了断米绝粮的地步。据《吕氏春秋》记载，孔子被困在陈、蔡之间时，藜羹全无，足有七天粒米未进，饿得有气无力，白天也只能躺着，以便节省些力气。这天，孔子在午睡，颜回终于在外面讨到些米食，回来便赶紧烧火做饭，眼见就要煮好了。这时孔子醒来，正好看见颜回用手在锅里抓了把饭，塞到自己嘴里。不一会儿，颜回过来对孔子说：饭已备好，请老师用餐。孔子假装刚刚没见到他抓饭吃的事，起身说道：我刚刚梦见了祖先，不如先用这些还未动过筷子的干净饭食来祭祖吧！颜回赶紧劝阻道：不行啊，刚刚做饭的时候，有灰掉到锅里弄脏了饭，我觉得这块沾了灰的饭扔掉太浪费，就抓起来吃掉了。孔子这才知道了事情的真相，不禁感叹道：人们常说眼见为实，但眼见有时也是不可尽信的；人要遵循自己的内心，但心有时也不那么可靠。你们记住，要真正了解一个人其实是很不容易的。① 可见，知晓一些事物、明白一些道理并不难，难的是透过这些外在的表象去了解一个人的真正本质。

颜回是孔子最欣赏的弟子，他曾称赞颜回"其心三月不违仁，其余则日月至焉而已矣"②。孔子认为颜回是众弟子中德行最高的，但即便如此，在大家都忍饥挨饿的特殊时期，看见颜回一个人偷偷吃独食，就连最睿智的孔子也不禁犯起了疑心，忍不住要试探他，幸而最终真相大白。可见，信任关系有时候是脆弱的。我们与他人建信时，除了自身的秉节持重，也要慎重而全面地看待他人，不要因为片面之词、片面所见就轻易地作出评判。此外，双方及时而有效的沟通也十分重要，是巩固互信关系所不可或缺的环节。

三、以信立身，成己成物

前面讲到，以信立身包括建立"自我之信"及"与人之信"，其实也就是用诚信的态度处理与自我、与他人之间的关系，以保持身心的坦诚不伪、社交关系的信任无间。那么，以信立身会给人们带来哪些影响呢？

首先，以"信"相连接的，或许是一种坚不可摧的情谊。例如

---

① 参考许维遹撰，梁运华整理：《吕氏春秋集释》全二册，中华书局2009年版，第447—448页。
② 〔宋〕朱熹撰：《四书章句集注》，中华书局1983年版，第86页。

读懂讲信修睦

"八拜之交"①中的"鸡黍之交",指的就是这样一种友情。东汉时期,山阳郡②有个叫范巨卿的儒生,他跟汝南郡③的张元伯在太学求学时相识,二人志同道合,遂结交为好友。后来二人各自还乡,巨卿对元伯说:"两年后我会再来京师,到时顺道去你家中拜访,探望一下你的父母和孩子。"于是二人便约好了见面的日子。两年后,约定的日子快到了,元伯对母亲说了相约的事,并请她代为置办款待的酒席。母亲问道:"你们二人已分别两年,如今又相隔千里,你怎么确信他就会那天到呢?"元伯回答说:"巨卿是个极为守信的人,一定不会违约。"于是母亲便点头说:"既然如此,那我就为你们酿上好酒。"到了约定之日,张家杀好鸡、备好酒,范巨卿果然准时到达,先到堂上拜见了好友的父母,随后大家入席畅饮,尽欢而别。④这便是范、张"鸡黍之交"的典故。

在干宝的《搜神记》中,还有关于范、张友情的一个颇具传奇色彩的后续,说是后来张元伯病重,临终前叹息未能见到至交范巨卿,而范巨卿此时也忽然梦到了张元伯,只见梦中的张元伯穿着黑色的冕服,帽子、鞋子都还没穿戴好,便向他喊道:"巨卿,我已经在某日死了,即将在某日下葬,永归黄泉了。你若是还没忘记我,

---

① "八拜之交"常用来形容朋友间如异姓兄弟姐妹般情同手足、亲密无间。亦有人将史上八个关于至交的典故称为"八拜之交",包括知音之交、刎颈之交、舍命之交、管鲍之交、胶漆之交、鸡黍之交、忘年之交、生死之交。
② 辖境约在今山东省西南部。
③ 辖境约在今河南省、安徽省境内。
④ 参考〔宋〕范晔撰,〔唐〕李贤等注:《后汉书》全十二册,中华书局1965年版,第2676—2677页。

第二章
中国古代对讲信修睦的实践

不知我们如何才能再见一面。"范巨卿在恍惚中醒来,不禁痛哭失声,立刻换上吊唁朋友的丧服,迅速赶去奔丧。巨卿还未赶到,元伯这边已经发丧,然而行至墓地,正准备安灵入穴时,棺木却忽然挪不动了。张母见状,便抚棺问道:"孩子,你是有什么心愿未了吗?"同时示意将棺木暂时停在一旁。过了一会,众人见有人素车白马痛哭而来,张母远远望去,说道:"一定是范巨卿来了。"待巨卿赶到,磕头吊唁过后,叹道:"走吧元伯!死生异路,我们永别了!"参加出殡的人无一不为之落泪。巨卿亲自执绋引棺,棺木终于可以往前移动。葬礼完成后,巨卿又为元伯修整好坟冢,在坟前栽了树才离去。① 或是这样完全相互信赖的友情让人珍重且向往,所以后世还有不少关于范张之谊的文学作品流传,如元代宫天挺的杂剧《死生交范张鸡黍》、明代冯梦龙的小说《范巨卿鸡黍死生交》等。

如果说元伯巨卿是至信之交的经典代表,那么嵇康和山涛则是另一种"非典型信友"。嵇康和山涛都是魏晋时期的名士,二人同列"竹林七贤",也是品性相投的挚友。山涛在四十岁时决定入朝为官,为司马氏效力。十五年后,山涛即将升任大将军从事中郎,离任时向朝廷举荐了好友嵇康,希望由他来出任自己的原职尚书吏部郎。嵇康不满司马氏篡权,他早年迎娶曹魏宗室女为妻,自司马氏掌权后便隐而不仕,知道此事后写下《与山巨源绝交书》,坚决拒绝出仕,并明言此后与山涛断绝往来。嵇康拒不合作的态度让司马昭十分不满,而其在文人中的影响力也让司马昭颇为忌惮。三年后,嵇康因好友吕安一案入狱,被小人钟会借机进言陷害,一直视嵇康

---

① 参考〔晋〕干宝撰,汪绍楹校注:《搜神记》,中华书局1979年版,第144—145页。

读懂讲信修睦

为异己的司马昭决定处死嵇康。嵇康临刑之前，将自己的一双儿女托付给了山涛，并给儿子嵇绍留下遗言说："巨源在，汝不孤矣。"而山涛也不负好友临终所托，悉心将两个孩子抚养成人。嵇绍长大后，品行才华俱佳，却因身世而难以入仕，山涛便亲自向晋武帝担保，举荐其出任秘书丞。① 嵇康和山涛本为知交，虽因政治立场相左而分裂，但仍了解与坚信彼此的品格与为人，所以嵇康才会向已经"绝交"的山涛临终托孤，而山涛也会接住这份沉重嘱托，这何尝不是一种最深刻的信任与友情呢？有些朋友因为理想追求不同而渐行渐远，甚至分道扬镳，但只要彼此了解、真诚相交、相互信赖，那么无论身处何时何境，对方都是在关键时刻可以相托之人，这便是"信友"。

其次，以"信"累积并树立的，或许是一份千金难易的信誉。我们常以千金一诺来形容人的守信重诺，这个成语最初指的是秦末汉初一个叫季布的人。季布本为秦末楚地人士，为人任侠尚义，他和项羽是同乡，早年曾在楚军效力，并在战场上表现出色。刘邦称帝后曾下令缉拿季布，夏侯婴听说季布颇有贤名，便劝说刘邦赦免了他。惠帝时，季布受封为中郎将，文帝时又任河东郡守。当时楚地有个人叫曹丘生，此人是个辩士，喜欢结交权贵、谋求钱财。季布对曹丘生印象不太好，听说他还与自己的好友窦长君有交情，于是便写信劝说窦长君不要与曹丘生深交。曹丘生回到楚地，想请窦长君介绍自己与季布相识，窦长君知道季布不喜欢曹丘生，便劝曹丘生不要自讨没趣，但拗不过曹丘生坚持，便还是为他写了封介绍

---

① 参考〔唐〕房玄龄等撰：《晋书》全十册，中华书局1974年版，第1223页。

第二章
中国古代对讲信修睦的实践

信。季布看到信后果然很是生气，待曹丘生来访也没拿好脸色对他。而曹丘生到了之后，便对季布作揖道："楚地有句俗谚说'得黄金百两，不如得季布一诺'，您是怎么能在梁地、楚地一带得到这样高的声誉的呢？我是楚地人，您也是楚地人，我在各地行走时传扬您的美名，这难道不重要吗？为何您要这样拒我于千里之外呢？"季布听后大悦，便将曹丘生迎进家中，以上客之礼款待数月，离开时又以厚礼相赠。季布仗义守诺的名气之所以越来越大，其中便有曹丘生四处传扬的原因。① 当然，宣扬固然是一种手段，但信誉之根本还是在人的真实品质上，否则名不副实，信誉的崩塌也不过在须臾之间。季布"千金一诺"的贤名，便是建立在他为人任侠、讲信重诺的品格之上的。而这份贤名也成为一种无形的助力，让季布得以脱险，又使他可以再次出仕，一展抱负。这便是信誉的来之不易，也是信誉之力的可贵之处。

最后，以"信"打动并换取的，或许就是我们某个孜孜以求的理想目标。

汉朝的另一位开国元勋，"汉初三杰"之一的张良，年少时曾有一段奇遇。张良出身于战国末期的韩国世家，秦灭韩时，他还十分年少。国破家亡后，张良曾散尽家财制订了刺杀秦王的复仇计划，不想刺杀失败，秦始皇下令全国搜捕刺客，张良只好更名改姓，逃亡藏匿到了下邳②。有一天，张良在下邳沂水圯桥上散步，碰见一个穿着粗布衣裳的老翁。老翁经过张良身边时，故意把鞋掉落至桥下，

---

① 参考〔汉〕司马迁撰：《史记》全十册，中华书局1959年版，第2729—2732页。
② 秦时古县名，治所在今江苏省睢宁西北。

然后回头对张良说："小子，下去帮我取鞋！"张良很是愕然，但因为老翁年纪实在太大，还是强忍着怒火，到桥下把鞋子捡了起来。取回鞋子后，老翁又说："帮我穿上！"张良心想，既然都把鞋子取回来了，帮他穿了也没什么。于是便屈膝跪地，帮老翁穿鞋。老翁伸脚让张良帮忙穿好了鞋，然后就笑着走开了。张良从未见过这样的怪人，目瞪口呆地看着他离开。走了约莫有一里路，那老翁忽然又折回来，对张良说道："孺子可教矣。五天后的黎明时分，在这等我罢。"张良不明所以，但还是恭敬地应诺了。五天后，张良在天快亮的时候赶到桥头，老翁已经先到了，看见张良便怒道："和老人家有约，你竟然迟到，岂有此理！五天后再来！"说完就离开了。五天后，张良在鸡鸣时分就赶了过去，没想到老翁又先到了，见到张良又怒道："怎么又比我晚到？下次再早一点！"又过了五天，这次张良索性半夜就过去等候。过了一会，老翁也来了，他见张良已经先到，便高兴地点头称赞道："这就对了。"接着便拿出一卷书，对张良说："读完这卷书，你就可以做帝王的老师了。十年之后，你可凭此安邦定国。十三年后，你可以到济北来见我，谷城山下的黄石就是我。"说完便不再多言，径直离开，此后张良再也没有见过这位老翁。等到天大亮时，张良才看清书卷上的名字，原来是《太公兵法》。张良对这卷书爱不释手，经常翻阅研习。十年后，各路起义军揭竿而起，张良路遇刘邦，之后决定追随他，其间多次运用《太公兵法》上的计略为其出谋划策，刘邦都欣然采纳，并日益倚重张良。十三年后，张良跟随高帝路过济北时，果真在谷城山下见到一块黄石，于是便将其带回，郑重地供奉了起来。后来，张良去世时与黄石一同下葬,其后人为其祭扫时,也会连同黄石一块祭拜。① 张良得黄石公授书的这段经历十分具有传奇色彩,其实它更像一个寓言故事。先以落鞋试探其是否有真诚敦厚的品质,再用三次相约考验其是否有坚定信实的决心和行动力,正是"不精不诚,不能动人","精诚所至,金石为开"。

在中国传统思想文化中,对诚信的追求并不止于自我品德的完善,所谓"诚者非自成己而已,所以成物也"②,还要感化他人、通达万物。所以,以信立身,既是发轫之始,也是一种厚积薄发,只要有合适的契机,那么诚信便是打动他人、和睦关系,最终实现理想抱负的最好桥梁。

第二节 以信齐家

无论在古代还是现代,家庭都是社会构成的基础单元。人的一生中,大部分的时间是在家庭中度过的。年幼时期,父母的教养、家庭的氛围对儿童的成长影响深远。待成年以后,家庭成员是否团结和睦,也决定了家将成为其人生的动力或阻力。所以,古人讲究"齐家",家庭关系一直都是中国传统伦理道德体系的重要组成部分,人们认为只有先处理好家庭关系,才能再谈国家天下等社会理想。

---

① 参考〔汉〕司马迁撰:《史记》全十册,中华书局1959年版,第2033—2048页。
② 〔宋〕朱熹撰:《四书章句集注》,中华书局1983年版,第34页。

而"信"作为最根本的道德规范，也是"齐家"所不可或缺的人格要素。

一、夫妻之信：以忠诚不欺为基

夫妻是构成家庭关系的基石与核心，所以维持夫妻关系的和谐是"齐家"的第一步。夫妻之睦始于信任，而建立信任的基础，就是对婚姻关系的忠诚。在中国古代，婚姻诚信通常有两种表现方式，一是信守微时之婚约，二是不负糟糠之妻，二者都有不少流传于世的佳话美谈。

以信守婚约为例。北宋有个叫刘庭式的官员，原是齐州人，家里是农户出身。在刘庭式中举之前，父母已经为他定下了一门亲事，对方是邻居家的女儿。后来刘庭式离乡求学赶考，阔别多年，终于考中进士。待回到家乡，发现邻居家的父亲已经去世，女儿也因病双目失明，家中已陷入极为困窘的境况。刘庭式托人前去提亲，女方家以其身有残疾推拒，而且贫苦农家也不敢与士大夫联姻。此时有人劝刘庭式不如改娶邻居家的幼女，但刘庭式笑着拒绝了，他表示自己心里早已许下了这门亲事，未婚妻虽然失明，但自己怎会因此而辜负初心呢？最终，刘庭式仍旧迎娶了盲女。婚后二人关系极为和睦，生下了几个孩子，生活美满幸福。其间刘庭式曾因过失受到贬谪，那监司本来想将其罢官，但因赞许他守信的美行，就宽赦了他。后来，刘庭式在密州任通判时，妻子离世，他十分伤心，到老也不肯再娶。苏轼当时为密州太守，见刘妻已去世逾年，而刘庭

第二章
中国古代对讲信修睦的实践

式仍哀伤不减,有一回便问道:"常人都说'哀生于爱,爱生于色',你娶盲女为妻,并与她白头偕老,这不是已经尽了道义了吗?爱从何生,哀又从何出呢?"刘庭式说:"我只知道我失去了我的妻子,双目完好是我的妻子,双目失明也是我的妻子。我若只是因为美色才生爱,因爱才生哀,那么色衰则爱弛,我的哀伤也会逐渐被淡忘。如此说来,那岂不是随意一个姿容妍丽的女子都可以为妻了?"苏轼听了十分动容,认为像刘庭式这样的人,若不得功名富贵,则必能得道。①

再以不负糟糠妻为例。晏婴是春秋时齐国著名的政治家、外交家,据说他身材短小,其貌不扬,但十分聪慧机敏,恪守原则又能言善辩。当时齐景公有一位爱女十分仰慕晏婴,想嫁他为妻,于是景公便去晏婴家做客,想借机促成此事。晏婴在家中设宴款待景公,酒酣耳热之时,景公指着晏婴的妻子问道:"那位就是你的妻子吗?"晏婴称是,景公便笑说:"哎,看起来又老又丑。我有个女儿,又年轻又漂亮,我把她嫁给你如何?"晏婴听罢,离席对道:"我和我的妻子少时相伴至今,她现在或已年迈色衰,但我也见过她年轻貌美的样子。况且夫妻交付彼此,原本就是由壮年托付至老年,由貌美托付至色衰,她已将一生托付于我,而我也接受了她。陛下虽然想降下恩赐,但我又怎可背弃发妻之托呢?"说完又拜了拜景公,谢绝了他的赐婚。②

---

① 参考〔宋〕苏轼:《苏东坡全集》第六册,北京燕山出版社2009年版,第3095页;〔宋〕沈括撰:《梦溪笔谈》,上海书店出版社2003年版,第88—89页。
② 参考徐文翔导读、注译:《晏子春秋》,岳麓书社2019年版,第283—284页。

读懂讲信修睦

除了晏婴,还有一个拒婚的典故也十分有名。东汉时期,光武帝刘秀见大姐湖阳公主新寡,便有意与她评议朝臣,想借机观察她的心意。谈话间,公主提到大臣宋弘,赞其"威容德器,群臣莫及",光武帝便答应助她说成这桩亲事。不久,光武帝召宋弘进见,并安排公主坐在屏风之后暗中观察,接着对宋弘说道:"俗话说'贵易交,富易妻',人在显贵后总会结交不一样的朋友,发迹后也可以换个更好的妻子,这也是人之常情吧?"宋弘对曰:"我只听说过'贫贱之知不可忘,糟糠之妻不下堂'。富贵之时,不可忘记贫贱时结交的挚友,更不能抛下曾经共同患难的发妻。"光武帝见宋弘心志坚定,便对公主说:"这事办不成了。"① 世人称颂的"贫贱之知不可忘,糟糠之妻不下堂",正是出自此处。

在这些典故里,主人公都是在寂寂无名之时与人缔结婚约,而后虽功名显达,仍旧不改初心,或守信履行婚约,或始终忠于发妻。也正是因为有这样的信德,所以夫妻和睦,甚至成就佳话美谈,为其树立了良好的信誉。在刘庭式的例子中,他守信娶盲女之事还打动了监司,宽免了对他的罢黜。当然,这些不弃糟糠妻的故事类型,都与古代社会特殊的家庭结构与角色分工有关,但主人公对婚姻关系的忠诚,对妻子发自真心的尊重和爱护,则是亘古不变的建立夫妻之"信"的要义。

---

① 参考〔宋〕范晔撰,〔唐〕李贤等注:《后汉书》全十二册,中华书局1965年版,第904—905页。

二、父子之信：以诚实守信为引

这里的"父子之信",指的是家族中长与幼之间的诚信关系。家庭教育是人生教育的起点,尤其在立德树人方面有着十分重要的启蒙作用。以长辈为表率,对孩子进行言传身教,是开展家庭教育的主要方式之一。所以,在父子之信的建立中,长辈的示范引导尤为关键。

首先是"长不欺幼"。《韩非子》中记载了曾子家的一件趣事。有一天,曾子的妻子要到集市上采买,小孩也跟在身后,一边跟一边哭,于是其妻就哄道:"你先回家去,等我回来就杀猪给你做菜吃。"小孩便高高兴兴地回家去了,还把母亲的话告诉了父亲。待妻子从集市回来,看见曾子在抓猪准备杀掉,于是便赶紧阻拦他说:"那只是我哄小孩的玩笑话罢了。"曾子说:"对小孩是不能随意开玩笑的,他们还什么都不知道,只会跟着父母有样学样,听从父母的教导。今天你欺骗他,就是在教他学会欺骗。母亲欺骗孩子,孩子也将不再信任母亲,这不是教育孩子的方法。"于是曾子把猪杀掉,煮好后拿给孩子吃了。[1] 稚子天真懵懂,所以大人常常不以平等心视之,与小孩说话也多带有不以为意的哄逗性质,殊不知大人的一言一行皆被孩童看在眼里、记在脑中,其甚至会在潜移默化中进行模仿。所以,长辈应当以更为平等的姿态与幼辈进行交流,向其许诺更是一件严肃的事情。只有年长者躬身力行,做到守信遵诺,年幼者才会从小养成信实的品德。

---

[1] 参考〔战国〕韩非著,陈奇猷校注:《韩非子新校注》,上海古籍出版社2000年版,第711页。

读懂讲信修睦

其次是"不以幼小而怠教"。据《邵氏闻见后录》的作者邵博称，他曾亲眼见到北宋名臣、史学家司马光手书的一张字帖，上面提到了司马光小时候发生的一件事情。司马光五六岁时，有一天他正在拨弄青核桃玩，姐姐看见就想帮他把青核桃的皮剥掉，但没成功。姐姐离开后，一个婢子走了过来，见状便用热水去掉了青核桃皮。姐姐返回来后看见青核桃已经剥好了，就问司马光是怎么办到的，司马光答道："是我自己剥的！"正巧其父亲看见了整个过程，于是就很严厉地斥责了他："小孩子怎么能够说谎呢！"司马光对此印象深刻，从那之后便再也不敢说谎了。[1] 司马光的父亲可谓是严父的代表，但在很多时候，长辈往往会对幼儿更加宽容。

隋朝时，有位名臣叫皇甫绩，他在三岁时成了孤儿，之后便由外祖父韦孝宽抚养。有一回，皇甫绩和表兄们因为下棋而没有按时完成功课，外祖父决意严罚，但怜悯皇甫绩最为年幼，又孤苦无依，所以免去了对他的惩罚。但皇甫绩却兀自叹道："我没有父母教导，现在由外祖抚养，如果还不能严格要求自己，以后还怎么自立呢？"随后，皇甫绩感谢了外祖父的宽赦，但还是决意和众表哥一样接受惩罚，让人打了自己三十棍子。外祖父听皇甫绩这么说，既感动又伤怀，只对着他不住落泪。此后，皇甫绩更加严于律己，潜心向学。[2]

---

[1] 参考〔宋〕邵博撰，刘德权、李剑雄点校：《邵氏闻见后录》，中华书局1983年版，第166—167页。

[2] 参考〔唐〕魏徵，〔唐〕令狐德棻撰：《隋书》全六册，中华书局1973年版，第1139页。

第二章
中国古代对讲信修睦的实践

中国素有尊老爱幼的文化传统,但对幼儿的爱护一旦过度,就会表现为溺爱或纵容,觉得孩子年纪尚小,偶尔撒谎犯错无伤大雅,这其实是一种教育失当:一方面,或许会让孩童自恃年幼而心怀侥幸,更无禁忌;另一方面,小毛病在积少成多之后,便会逐渐养成习惯,再难纠正。所以,在一些譬如诚实守信的原则性问题上,不能因为孩童年纪幼小便怠于施教,司马光之父就是这样一个正面的例子。在皇甫绩这个故事中,皇甫绩因为少失怙恃而让外祖父更加不忍责罚,却意识到和其他人一样守信受罚是对自身的鞭策,这种不侥幸、不逃避的平等诚实之心是难能可贵的。

最后是"以身作则,言传身教"。据《宋名臣言行录》记载,北宋有一位大臣叫陈省华,他有三个儿子,三子皆中进士,其中两子还是状元,父子都在朝中为官。陈省华家有一匹劣马,性子暴躁,一直难以驯服,踢伤咬伤多人。有一天,陈省华来到马厩,却没见到那匹劣马,便问马夫:"那匹劣马怎么不见了?"马夫说已经被他的小儿子陈尧咨卖给了一个商人。于是陈省华便把幼子喊来,对他说:"你是朝廷重臣,家中左右尚且没有办法制服那匹马,一个商人怎么有能力驯养呢?你这是把祸害转移给了别人啊!"同时派人赶紧寻到商人,追回劣马,并把卖马的钱如数退还给他。将马寻回后,陈省华又嘱咐马夫就此将马养至老死,不可再售卖。这就是"陈谏议教子"的典故,当时人们都称赞陈省华淳朴宽厚,颇有古人之风。[①] 在这个故事里,陈尧咨或是见家中无人能驾驭烈马,于是干

---

① 参考〔宋〕吴曾撰,中华书局上海编辑所编辑:《能改斋漫录》上、下,中华书局1960年版,第352页。

脆将其发卖，也好给家里节省些开支，而陈省华则是更多地站在买方的角度来考虑驯养问题，这是他诚实敦厚、宽仁守信品质的体现，也说明他对儿子的言传身教亦是一以贯之的。可见，家庭中的诚信引导教育并不限于儿童阶段，它往往具有终身的性质。

整体而言，"父子之信"的影响更多还是体现在对少儿的引导教育上。无论是前文提到的"长不欺幼""不以幼小而怠教"，还是"以身作则，言传身教"，都要求长辈将幼辈放在一个平等的位置来对待：既不因其年幼而轻视欺哄，也不因其年幼而娇纵溺爱，长者自身亦应以诚实守信为根本，树立榜样，循循善诱，为年青一辈的成长奠定良好的道德基础。

三、以信齐家，感而化之

中国素来注重家风，这是一个家庭长期以来形成的文化氛围，具有较强的道德性，对每个家庭成员都有潜移默化的熏陶作用，良好的家风是维护家庭和睦的重要因素。作为一种整体性的文化氛围，家风的营造有赖于每一个家庭成员的努力。以信齐家，包括家庭中的每个人，他们以个人的诚信言行形成一种感染之力，促使其他人效仿而向善。

《后汉书》中记载了一个无名氏"乐羊子妻"的事迹。东汉时期，有个叫乐羊子的人。有一天，乐羊子在路上捡到一块金子，就高兴地把它拿回家，交到了妻子手上。妻子对他说："我听说过这么一句话，'志士不饮盗泉之水，廉者不受嗟来之食'，何况靠拾取别

第二章
中国古代对讲信修睦的实践

人的失物来谋得私利，这不是在玷污自己的德行吗？"乐羊子听了十分羞愧，于是就把金子扔回了野外，然后便出门远行拜师求学去了。一年后，乐羊子回到家中，妻子问他怎么忽然回来了，乐羊子说："没什么别的缘故，只是出门太久，想家了。"妻子听完，拿起剪刀走到织布机前说道："这些布都是生自蚕茧而成于机杼，先由一根根蚕丝累积成寸，再由寸累积成丈、成匹。如果我现在把它剪断，那么它就无法再织连成布匹，前面努力的时日也就白白浪费了。你现在求学，也当'日知其所亡'，每天都要不断地吸收新的知识，才能逐渐成就自己的美德，若半途而归，和我现在剪断织到一半的布又有什么区别呢？"乐羊子被妻子的话触动，便回去继续求学，直到七年后才学成归家。在乐羊子求学期间，家里又发生了一些事情。有一回，有一只别家养的鸡误闯进自家的鸡舍，乐羊子的母亲就偷偷把那只鸡杀了，做好后端上了餐桌。吃饭时，乐羊子的妻子却只对着那盘鸡默默垂泪，也不动筷子。婆婆见状不解，便问她为什么哭。乐羊子的妻子说："我只是难过家里太穷，只能吃别人家里的鸡。"婆婆听后很是惭愧，便把那只鸡扔了。后来有一天，家里闯进了强盗想侵犯乐羊子的妻子，于是劫持了她的婆婆，想借此强迫她就范，不想乐羊子的妻子却举刀自刎而死，强盗见状便吓跑了。太守听闻这件事，下令捕杀强盗，同时赐乐羊子的妻子丝绸锦帛，以礼葬之，还授予她"贞义"的称号。[1]乐羊子妻是谁家女儿，姓甚名谁，皆已无从可考，但她却以诚信、坚韧、刚烈的品性言行，以机

---

[1] 参考〔宋〕范晔撰，〔唐〕李贤等注：《后汉书》全十二册，中华书局1965年版，第2792—2793页。

智而巧妙的表达方式,感动、感染并影响了自己的丈夫、婆婆,乃至世人。这就是以"信"感之化之,以"信"齐家睦家的典型示范。

中国不少传统家族都有自己的祖训、家训,这其实便是一种高度凝练的家风,以一种或口传或成文的家族内部"信约"的形式传世。

如东晋名将陶侃的"酒限"就类似一种口头的家训。有一次,陶侃在家中设宴,大家畅饮欢谈,气氛正酣,殷浩等人纷纷向陶侃敬酒,他先是痛快地饮了三杯,随后就婉拒道:"抱歉,我今日饮酒已经到了上限,不能再喝了。"其余的人一听,都认为这是托词,便又开始劝酒,谁知陶侃却面露凄哀之色,过了良久方道出原委:"酒限是我与母亲的约定。我年轻的时候曾经因为喝醉酒而误过事,自那以后,母亲便与我定下规矩,每日饮酒三杯为限。如今母亲虽然已经不在了,但她的教诲我却是万万不能忘记和违背的。"[①] 陶侃年幼丧父,家境贫寒,母亲谌氏含辛茹苦地将其抚养长大,又对其悉心教导,母子感情笃深。陶侃严守酒限的承诺,正是传承了母亲要求其自律守正的谆谆教诲。

此外也有记录成文的,比如明末的忠臣温璜将母亲陆氏对他的教诲编订成册,是为《温氏母训》。《温氏母训》中记录了温璜祖父还债的事。温璜祖父家中赤贫,曾向一个姓朱的人借了二十两银做本钱,做点卖米的生意养家糊口。过了一年,这个朱姓人生了重病,他是两槐公家里的仆人,私下放债一事不敢让主人知道,旁人都在庆幸欠朱姓人的债或许可以不用还了。当时温璜的祖父正客居于姑

---

① 参考〔唐〕房玄龄等撰:《晋书》全十册,中华书局1974年版,第1778页。

第二章
中国古代对讲信修睦的实践

熟①，偶然听说朱姓人病重的消息，便马上动身，日夜兼程赶了回去。回到家乡，他没有先回自己家，而是连本带利地拿着先前欠下的债去了朱姓人家里。当时朱姓人已经病得说不出话来，温璜的祖父缓缓拿出银子对他说："这是我一年前跟你借的钱，现在连同本金和利息一一还你，请你过目查收。"朱姓人听后挣扎着坐了起来，赞叹道："世上怎么会有像你这般忠厚守信的人啊！我死也瞑目了。愿你世世代代都出贤子贤孙！"说完就断了气。温璜的祖父哭着送别了他。待回到家中，家人一问方知他竟主动去朱姓人家里还钱，有人就说他实在愚笨，温璜的祖父却说："我的确愚笨，之所以不先回家，就是怕被你们这些人蛊惑，迷了心窍。"②温璜祖父在艰难的创业初期主动还债，在旁人看来是放着便宜不占，对改善家境毫无益处，但这种诚实守信的品质却已足飨后人，并且受益更深、影响更远。所以，陆氏用公公这种美德来启迪与勉励儿子，而温璜亦将其郑重地记录了下来，既为自勉修身，也是正德齐家。

总的来看，我们可以从两个角度来理解以信齐家：一方面，夫妻间以忠诚缔结婚姻，长幼间以诚实建立信任，诚信是维系和巩固家庭关系的根本所在，此为"凝结"；另一方面，在家庭成员之间，持诚守信以引导教育后辈，笃厚信实以感化家人，诚信是培育和延续良好家风的重要基础，此为"传承"。

---

① 又称姑孰，今安徽省当涂县。
② 参考〔明〕温以介述：《温氏母训》，中华书局1985年版，第7页。

第三节　以信建业

中国自古讲究成家立业，认为这是百姓和乐、社会安定的基本构成。所谓"立业"，本质上是人类进行劳动生产的过程。随着生产力的提升与社会分工的演变，再逐步衍生出各行各业，每个行业的发展都与劳动协作和物质交换密不可分。所以，为了维持各个行业的正常运作，每位参与者都应当遵守一定的行为规范，以便保证协作和交换的顺利进行。管仲曾说："非诚贾不得食于贾，非诚工不得食于工，非诚农不得食于农，非信士不得立于朝。"[①] 也就是说，在所有的行业行为规范中，诚信是约定俗成的最具有普遍意义的基本道德法则，这就是以信建业。

一、领导者与追随者之信

为了促进协作的顺利进行，群体间会根据各自不同的目标而出现不同的角色分配，其中领导者与追随者便是最为常见的一组关系。领导者与追随者之间必须建立稳固的信任关系，这是各个群体建业的首要任务。

作为领导者，为了让追随者能够配合自己的部署，更好地执行计划，就必须让其衷心信服。在著名的历史小说《三国演义》第八十七至九十回中，作者以大幅篇章详细地描述了诸葛亮七擒孟获

---

① 黎翔凤撰，梁运华整理：《管子校注》全三册，中华书局2004年版，第91页。

第二章
中国古代对讲信修睦的实践

的故事，可谓浓墨重彩。故事发生在建兴三年（225年），诸葛亮率军南征，平定云贵等地的叛乱，以巩固蜀国的后方。当时南中有一豪强名为孟获，在当地颇有声望，但被益州郡大族雍闿所招揽，加入其叛军队伍。后雍闿为越嶲夷首领高定的部下所杀，孟获聚集了雍闿的散兵，继续抵抗诸葛亮所率领的军队。诸葛亮有意收服孟获，决定攻心为上，于是便有了"七擒七纵"。

第一回合，诸葛亮先是大败孟获召集的三洞元帅，又布下伏兵引孟获进入峡谷，再前后夹击，将其生擒，但孟获认为只因山路狭小，自己才误落他手，并不服气。于是诸葛亮便放了他回去，此为一擒一纵。

第二回合，诸葛亮成功渡过泸水，截断了孟获的粮道。当时孟获有个属下曾受惠于诸葛亮，于是趁孟获醉酒将其绑了献给诸葛亮。孟获认为此次是被手下背叛，并非诸葛亮之能，于是诸葛亮又放了他回去，此为二擒二纵。

第三回合，孟获欲让弟弟假意献礼，掩护自己劫营，不想被马谡识破，诸葛亮将计就计，孟获劫营时又中埋伏，束手就擒。孟获认为此次是因为弟弟醉酒误事，仍不服气，于是诸葛亮又放了他，此为三擒三纵。

第四回合，孟获聚集了十万兵马来战，诸葛亮诈败设伏，孟获中计大败，而后又落入陷坑被擒。但孟获认为是自己误中诡计，死不瞑目，于是诸葛亮再次放了他，此为四擒四纵。

第五回合，孟获退至秃龙洞求援，此处据毒泉为天险，易守难攻，诸葛亮得隐士指点求得了破解之法，而银冶洞洞主杨锋为谢诸

读懂讲信修睦

葛亮不杀其族之恩，在秃龙洞将孟获擒住献给了诸葛亮。孟获自是不服，于是诸葛亮再次放了他，此为五擒五纵。

第六回合，孟获在银坑洞召集千余人，又请木鹿大王助战，双方来回几番交战后，诸葛亮攻占了银坑洞，还识破了孟获妻弟的假降。孟获依旧不服，道若能擒他七次方倾心归服，诸葛亮便再次将他放回，此为六擒六纵。

第七回合，孟获向乌戈国求援，引得藤甲军与诸葛亮决战，但终被诸葛亮用火攻击破。孟获被擒后，诸葛亮再次下令放他回去，此为七擒七纵。这时，孟获才真正心服口服，垂泪叹道："七擒七纵，自古未有。我虽然是化外之人，但也知道些礼义，怎能没有羞耻之心呢？"于是便率部族军队归降，诸葛亮仍命其任洞主管理南方，日后又迁为御史中丞。[①]

"七擒七纵"最早见于《华阳国志》所载"凡七虏七赦，获等心服"[②]，但《三国志》中却并未记载，许多学者认为这只是民间传说演绎入史，并非真实存在之事。但这则故事的广泛流传，在一定程度上也反映了民众对"如何使人真心信服"这个命题的理解与认同。虽然七擒孟获以政治军事为故事背景，但将其放在"建业"这个大话题下进行讨论也十分契合，它说的正是领导者如何"收服"追随者：一方面，是以才能服之。诸葛亮能七擒孟获，主要依靠的是出色的智慧谋略与卓越的军事能力。另一方面，是以真诚信之。诸葛

---

① 参考〔元末明初〕罗贯中：《三国演义》上、下，人民文学出版社1973年版，第743—780页。
②〔晋〕常璩撰：《华阳国志》，齐鲁书社2010年版，第48页。

第二章
中国古代对讲信修睦的实践

亮愿七纵孟获，也是希望通过宽仁守信的诚意，而非霸权强制的武力，来使他真心归顺。如此一来，"才"与"德"双管齐下，领导者的权威和信誉得以建立，这便是建业过程中的领导者之信。

若是作为追随者，为了获得群体的任用，最大限度地展现自己的才能，实现自身抱负，首先必须取得所属群体领导者的认可及信任。北宋时有个著名的才子晏殊，自幼聪颖，十四岁便由宰相张知白举荐召至京师，当时恰逢进士殿试，便让晏殊也一同就试。殿试时有诗、赋、论的考核，晏殊见到赋的试题后说道："臣十日前正好作过此赋，其草稿仍在，还请另外出题。"宋真宗十分欣赏他坦诚不隐的性格。不久后，晏殊便正式就任馆职。当时天下安定，朝野上下无甚大事，特允许朝臣们选择美景胜地赏玩宴饮。一时间，各亭台楼阁、市井酒肆都成为群臣士大夫们聚会游玩的地方，好不热闹。晏殊当时家里很是贫困，不能随意出游，便常常待在家里与兄弟读书讲学。一日，朝廷要选任东宫官，宫中忽然传来消息，皇帝特别批示指定晏殊担任此职。晏殊刚出仕不久，年资尚浅，执政大臣想不通皇帝看中他的原因，便于次日入宫觐见，以核实这个消息。宋真宗告诉他说："我听说最近文馆里的官员们几乎没有不外出嬉游宴赏的，有的还通宵达旦。只有晏殊闭门在家与兄弟读书，可见其谨慎笃厚，正好可以胜任东宫官一职。"晏殊入宫接受任职，宋真宗告诉晏殊选中他的原因，没想到晏殊却老实巴交地说道："并非臣不爱外出游玩宴饮，只是因为家中贫困，无力支付赏游的费用。臣若有钱，也一定会去的，只是没钱不能出去罢了。"宋真宗听了，却更加赞许他的诚实质朴，认为他知晓事君的大体，日后也越发眷顾与器重他。到宋仁宗继位后，晏殊得到了重用。①

从"晏殊不隐"这个案例中，我们可以看到，在任职之初，也就是与群体及领导者的关系尚未明确时，真诚不欺是让他人愿意信任和亲近自己的最好方式。而在领导与追随者的关系确立之后，追随者的忠诚度则成为维系、巩固关系的重要影响因素。在《三国演义》中，吕布和关羽便形成了鲜明的对照。

吕布为并州五原郡九原（今山西省运城市），其人勇武非常，尤擅弓马，有"飞将"之美誉，时人常云"人中吕布，马中赤兔"，可见其惊才绝艳。然而，便是这样一名骁将，张飞却讥讽他为"三姓家奴"，而且这个绰号很快便流传开来，这是为什么呢？原来，吕布父亲早逝，他先在并州任职，以刺史丁原为义父，并受到其倚重。董卓把持朝政后，诱使吕布杀掉丁原，并将吕布收为义子，加以重用。而后，在王允等人的设计拉拢下，吕布又因貂蝉与董卓反目，最终杀掉了董卓。吕布先后以三人为父，最终又杀掉了两位义父，所以张飞称他为"三姓家奴"②，实则讽刺他为不忠不义之人。

关羽为司隶河东解良③人，骁锐勇毅，与张飞并称"万人之敌"，与刘备、张飞有"桃园三结义"之谊。建安五年（200年），曹操攻破徐州，刘备北奔袁绍，张飞逃至芒砀山，关羽则护着刘备妻小，被曹操围困在下邳。在张辽的劝说下，关羽答应归降，但提出了三

---

① 参考〔宋〕沈括撰：《梦溪笔谈》，上海书店出版社2003年版，第86页。
② 参考〔元末明初〕罗贯中：《三国演义》上、下，人民文学出版社1973年版，第47页。
③ 今山西省运城市。

第二章
中国古代对讲信修睦的实践

个条件：一是只降大汉，不降曹操；二是以刘备的俸禄赡养两位嫂嫂，闲杂人等不得打扰；三是一旦得知刘备下落，不远千里也要让他去寻。曹操答应了关羽的条件，又惜其贤才，想收为己用，于是待之甚厚，"三日一小宴、五日一大宴"，又以美女金银相赠。但关羽只在收到赤兔马时对曹操甚为感激，曹操感到奇怪，关羽解释说因为有了这千里马，他便可早一日寻到刘备，曹操听后十分后悔。后来袁绍起兵攻打曹操，曹操令关羽迎战，关羽为报答曹操，连斩袁绍两名大将，被封为汉寿亭侯。不久关羽得知刘备下落，便立刻挂印封金，要投奔而去。曹操自知无法挽留，便赠锦袍以送行。一路上，关羽连过五道关卡，斩了六员大将，才终得与张飞、刘备兄弟相见。①

吕布与关羽都是骁勇善战的将才，但被称为"三姓家奴"的吕布见利忘义、行事多变且有勇无谋，故而声名极差；"千里走单骑"的关羽，在曹操厚礼相赠、诚心相待的招揽下，仍不忘结义旧主，曹操也不禁感叹他事君不忘其本，是"天下义士也"。正如司马光所说，"才者，德之资也；德者，才之帅也"，"君子挟才以为善，小人挟才以为恶。挟才以为善者，善无不至矣，挟才以为恶者，恶亦无不至矣"②。在选任人才之时，才能以外，人们更加看重的是其品德修养，真诚不欺者使人亲近信任，赤诚忠义者使人全心交付，这便是

---

① 参考〔元末明初〕罗贯中：《三国演义》上、下，人民文学出版社1973年版，第219—252页。
② 〔宋〕司马光编著，〔元〕胡三省音注：《资治通鉴》，古籍出版社1956年版，第14—15页。

建业过程中的追随者之信。

二、从业者之信

一个社会的繁华，必然依托其百业之兴盛，各行各业的从业者则是其中的根基所在。作为从业人员，良好的职业诚信是在行业立身并有所建树所必不可少的个人素质，从业者之信主要体现在两个方面：一是在职业能力上，实事求是，竭尽所能；二是在职业操守上，恪尽职守，诚信正直。

首先是体现在职业能力方面的"信"。

人们常常用滥竽充数来形容没有真才实学者混在内行里冒充专家，又或是以假乱真、以次充好。这个典故出自《韩非子》，说的是在战国时期，齐宣王非常喜欢听人吹竽，尤其是大规模的合奏，于是就专门组建了一支三百人的宫廷乐队。有个姓南郭的人听说了这事，就自告奋勇前去应征，说自己技艺精湛高超，齐宣王很高兴，将他编入乐队，并给了很丰厚的俸禄。南郭先生每次表演都很是卖力，动作、神情也十分到位，但他实际上对吹竽一窍不通，只是乐队人数众多，他浑水摸鱼也无人发觉罢了。后来，齐宣王去世，齐湣王继位。齐湣王也很喜欢听人吹竽，但他更喜欢独奏，便让乐师们一个一个单独吹给他听。南郭先生见势不妙，吓得赶紧找机会逃跑了。[①]像南郭先生这样的"假把式"，属于在职业能力方面的欺诈

---

① 参考〔战国〕韩非著，陈奇猷校注：《韩非子新校注》，上海古籍出版社2000年版，第602页。

第二章
中国古代对讲信修睦的实践

行为，时间长了自然会露出马脚，更毋论在行业内长足发展了。除了实事求是，尽力完善和提升自身的专业水平，精益求精，也是一种职业诚信的体现。正如《吕氏春秋·贵信》所说，"百工不信，则器械苦伪，丹漆染色不贞"①，倘若各行各业的工人都不以诚信从业，那么他们所制作出来的必然是充斥着粗劣伪赝的产品。

其次是体现在职业操守上的"信"。

以史官为例。有个成语叫"董狐之笔"，意思是写文章能够如实陈述、公正不偏。董狐为春秋时期晋国的太史，以秉笔直书而闻名。晋襄公死后，其子晋灵公年幼即位，由赵盾辅政。晋灵公长大后，骄奢淫逸、滥杀无辜，赵盾屡次劝谏无果，反招其怨恨，甚至暗中派大力士鉏麑去刺杀赵盾。鉏麑潜入赵家，却发现赵盾勤于国事、为人正直，既不能抗命，又不忍杀之，最终选择触槐而死。而后，晋灵公又设计杀赵盾。赵盾被提弥明拼死救出，逃出了国都。后来，晋灵公被赵盾的族人赵穿杀死于桃园，赵盾尚未出国境，闻讯返还，并让赵穿将公子黑臀迎回为君，是为晋成公。太史董狐在史书中写道："赵盾弑其君。"赵盾看了之后表示反对，自己并没有杀晋灵公，董狐答道："你身为正卿，在逃亡未出境时国君被杀，回来后又不讨伐凶手，此事若罪不在你，还能是谁？"赵盾无奈，只好接受了董狐的说法。孔子听说了此事，感叹赵盾身为良大夫却为法受恶，称赞董狐是"书法不隐"的"古之良大夫"。②后世亦将董狐这样不惧

---

① 许维遹撰，梁运华整理：《吕氏春秋集释》全二册，中华书局2009年版，第536页。

② 参考杨伯峻编著：《春秋左传注》第三册，中华书局2016年版，第719—724页。

权贵、敢于直笔写史的正直诚信视为史官重要的职业操守。

对诚信的坚守也是需要极强的信念来支撑的。在北魏史上，曾有一个轰动朝野的大案，史称"国史之狱"。北魏太武帝拓跋焘在统一北方后，开始着人修史，并让大臣崔浩负责。崔浩修史不避忌讳，直笔实录，在其宠信的著作令史闵湛、郗标的恭维劝说下，将写好的国史刻在石碑上，并矗立于道旁显眼处让人观看，其中不乏皇族秘辛，许多人看后都颇有不满。此事最终得罪了太武帝，其下令将崔浩抓捕下狱。

崔浩被捕时，另一位参与修史的官员高允正在中书省当值。皇太子派人让高允留宿东宫，命其次日与自己一同面见太武帝。第二天觐见之前，皇太子表示自己会在皇帝面前为高允说话，并嘱咐他要与自己保持口径一致。拜见太武帝后，皇太子便恭声说道："中书侍郎高允在臣宫中多年，做事一向小心谨慎，臣对他十分了解。这次虽与崔浩共事修史一事，但高允职位低下，诸事只能受制听命于崔浩，故特请宽赦他的性命。"太武帝便召来高允，问他《国书》是否俱为崔浩所写，谁知高允却老实答道：《太祖记》是前著作郎邓渊所撰，《先帝记》和《今记》是臣与崔浩同作。但是崔浩政务繁忙，所以只作总体裁定。至于注疏方面，臣参与的要比崔浩更多。"太武帝一听大怒，说道："那你的罪比崔浩还要重，哪里还有宽恕的道理！"皇太子连忙说道："天子威严，高允是小臣，一时紧张迷乱失言罢了。我之前问过，他说都是崔浩写的。"太武帝又问高允是否真如东宫所说，高允答道："臣以下才，谬参著作，犯逆天威，罪应灭族，今已分死，不敢妄言。殿下只是怜恤臣多年侍讲左右，想为

第二章
中国古代对讲信修睦的实践

臣求得一命罢了。殿下其实未曾问臣,臣也从未这么说过。臣刚才所答句句属实,不敢有迷乱之言。"太武帝听后,对皇太子感叹道:"正直啊!死到临头还能如此坚定不移,实属难得,而且能够据实对君,确实是个忠臣。那我宁可漏失一罪人,也应当宽宥你。"高允最终得以免罪。

后来太武帝命高允拟旨,自崔浩以下、僮吏以上,一百二十八人皆夷五族。高允对此持疑,迟迟不拟,并请求面圣,见了太武帝后,高允说道:"臣不清楚崔浩是否还有其他罪行,但如果只是因为'直以犯触'这一项,臣认为罪不至死。"太武帝听了很是生气,命令武士把高允绑了起来。皇太子得知后又来求情,太武帝对他说:"要不是高允来惹我生气,让我又思量了一番,现在死的就有几千个人了。"最后,崔浩仍被判夷五族,但其他人则改为只诛本人。被诛之一的宗钦在临刑前也不禁感慨道:"高允大概是圣人吧。"

事后,皇太子责怪高允不识时机,非要触怒太武帝,着实让人后怕。高允则认为,史籍是帝王的实录,也是后世之鉴戒:"今之所以观往,后之所以知今",崔浩之事有其自身的原因,但书朝廷起居之迹、言国家得失之事,原本就是修史的体例,并没有什么大的问题,自己与崔浩共事,生死荣辱亦是一体,本来也没什么特殊的,能得到赦免已是意料之外了。皇太子听后也有所动容,一时感叹不已。①

在封建统治时期,皇权具有至高无上的权威性和专制性,因而史上确有不少因直笔写史而获罪的案例。在"国史之狱"这个案例

---

① 参考〔北齐〕魏收撰:《魏书》全八册,中华书局1974年版,第1070—1071页。

中，高允原本可以在太子的掩护下顺理成章地推掉所有责任，但他仍如实坦认了自己所负责的部分，这既是缘于其正直的性格，也是他作为史官的职业诚信使然。正是这份不畏生死的诚信，让皇帝感念其为难能可贵的忠臣，决定给予特赦，这大概也是韩非子所说的"巧诈不如拙诚"[①]罢。

还有一个关于修史的典故，与高允的案例恰能形成对比。北宋时，欧阳修曾参与《新唐书》《新五代史》的修撰，《新五代史》是欧阳修独撰，《新唐书》则是合撰。《新唐书》的编撰前后历时约十七年，参编者包括宋祁、欧阳修、范镇、吕夏卿等人，欧阳修乃中途参加，主要刊撰了《纪》《志》《表》等，《列传》则主要为宋祁修撰。初稿完成后，宋仁宗觉得一书出自二手，体例文采不能统一，就命欧阳修仔细审阅《列传》，将全书删修为一体。欧阳修虽然接受了诏令，但认为宋祁是自己的前辈，而且人之所见各有不同，不能只按自己的意见修改，最终决定只字不改。待书成准备上奏时，御史说按修史书的旧例，只署书局中职位最高者的姓名，当时欧阳修官位最高，《新唐书》最终也是在他的主持下编修完成的，所以应当署欧阳修之名。欧阳修听了并不同意，说道："宋公对《列传》下的功夫也很深，而且耗时日久，怎可掩其名而夺其功呢？"所以《新唐书》最终分别署名，《纪》《志》等署欧阳修之名，《列传》署宋祁之名，可谓史无前例。宋仁宗听说了这件事，高兴地说："自古文人

[①]〔战国〕韩非著，陈奇猷校注：《韩非子新校注》，上海古籍出版社2000年版，第479页。

不相让,而好相互排挤,这样的事倒是前所未有啊!"[1]虽然当时欧阳修无论在政治地位还是社会影响力上均高于宋祁,又担任主修之职,况且还有只署官高者一人姓名的旧例,但他仍然坚持尊重宋祁的原作及功劳,可见其正直谦逊、实事求是的品格,以及在文史方面的学术坚守与职业诚信。

在上述两个例子中,同样是修史,在可能因写史而获罪时敢于担名,是为"信";在可名留青史时不夺他人之功,也是为"信"。二者都是从业者信守己责、坦诚担当的表现,可谓是殊途同归。总体而言,在职业能力上保持诚实认真的态度,是从业者专业性的体现;在职业操守上坚持诚信负责的原则,是从业者道德性的体现,由"术"与"德"两个方面共同构成了从业者之信。

三、为商之信

中国古代将普通人的职业分为士、农、工、商四大类,也就是所谓"四民"。与其他三类相比,商业贸易直接关涉商品交换,过程中又与大量的人、事、物产生关联,所涵盖的社会关系也更加复杂、广泛。正因如此,开展商业活动需要制定大家共同遵守的规则,规则以外,各参与方的诚实守信也是确保商业活动能够有序进行的重要道德因素。

物物交换是商业贸易诞生的雏形,统一标准是其得到发展的基础。随着交换活动的扩大,度量衡开始在商贸活动中运用,其中所

---

[1] 参考〔宋〕张邦基撰:《墨庄漫录》第三册,中华书局1985年版,第92—93页。

蕴含的便是公平交易的精神。中国古代以十六两为一市斤，因而有"半斤八两"之说。十六两秤是最常见的衡器，又称十六星秤，传说先人制秤时以北斗七星、南斗六星，再加上福、禄、寿三星，共计十六星为秤星，有"人在做，天在看"，应凭自身良心做买卖的含义。此外，又将福、禄、寿三星分别排列于秤尾，若有缺斤短两者，则"少一两损福，少二两伤禄，少三两折寿"，以此告诫为商者应当公平交易，童叟无欺，这也是为商之信的第一要义。

除了不缺斤少两，诚信为商的第二个要求是对货物的品质负责，即"货真价实"。刘伯温曾说过一个"虞孚售漆"的故事。说是在先秦时，有个叫虞孚的人曾向计然先生请教如何谋生，计然教了他种漆树的方法。三年后，漆树长成，虞孚收割了几百斛的漆，准备运到吴国去卖。这时，虞孚的妻舅对他说："我曾经在吴国做过买卖，吴国人喜好装饰，很多东西都要上漆，漆在吴国可是上等货。我见过有卖漆的人用漆叶熬成膏再掺进漆里，这样利润就能翻倍，而且别人也看不出来。"虞孚听了很高兴，按妻舅所说，取漆叶熬煮成膏，也装了几百瓮，和割下的漆一并运到吴国去了。当时吴、越两国正交恶，越国的商人进不来，吴国市面上正缺漆。吴国的中间商听说有人要来卖漆，十分高兴，早早便等在郊外，将虞孚带入城内，还让他住在自己的私馆里。中间商看了虞孚的漆之后，觉得品质很是优良，便约好很快就会拿钱来取货。虞孚大喜，连夜把漆叶熬的膏和进了漆里，等着交易。到了约好的日子，中间商发现虞孚这些漆的封识都换成了新的，心生疑虑，便要求改到二十天后再交易。过了二十天，那些掺了漆叶膏的漆全部坏了。虞孚没有

第二章
中国古代对讲信修睦的实践

做成生意，也没有路费回家，只能四处乞讨，最后死在了吴国。①有些无良的商人为了牟取暴利，或好坏掺杂，或以次充好，不仅扰乱秩序、有损公正，对社会更是贻害无穷。不过就像虞孚这掺了假膏的漆，用不了多长时间就会腐败现形，销售劣物假货的行为也必定是无法长久的。

除了不售卖假货，为商之信还包括告知买方商品的真实情况。

东汉时期，有个叫公沙穆的人家里曾养猪。有一天，他发现其中有只猪生病了，便遣人牵去集市上卖掉，并嘱咐说："如果有人要买，一定要告诉他猪生病的事，低价卖给他就好。不可谎称无病，骗人用高价来买。"卖猪的人到了集市上，直接便把猪卖了，也不说猪生病的事，所以成交价格比预估的高出许多。公沙穆听到售价后觉得奇怪，问了才知道原因，于是赶紧把买猪的人追回来，告诉他猪生病的实情，并表示自己只想贱价卖出，要将多出的钱退还给他。而买主却说，买卖的价钱都是私下约定好的，不肯收取退还的钱。最终，公沙穆仍是坚持把钱退给了买主。②

唐朝时有个大臣叫陆元方，有一回，他打算卖掉东都洛阳的一处小宅子，家人已经把价格谈得差不多了，在正式交付之前，买方要求见一见房主。见面之后，陆元方对那人说道："这个宅子很不错，只是没有排水的地方。"买方听了之后，立刻决定不买了。陆元

---

① 参考〔明〕刘基原著，傅正谷评注：《郁离子评注》，天津古籍出版社1987年版，第257页。
② 参考〔宋〕范晔撰，〔唐〕李贤等注：《后汉书》全十二册，中华书局1965年版，第2730页。

方的子侄们听说了此事，都觉得是他的过失，陆元方却说道："不说出实情的话，就是在欺骗啊。"①

南北朝时期，有个南梁的官员叫明山宾，性格十分忠厚老实。明山宾曾经因为家里缺钱用而卖掉自己乘坐的牛，收下买家的钱后，明山宾又对买家说道："这只牛曾经得过漏蹄病，已经治好很长一段时间了，但我恐怕日后还会复发，所以还是要知会你。"买家一听，连忙以此为由，要求明山宾退回一部分买牛钱。有个叫阮孝绪的隐士听说了这件事，感叹明山宾"此言足使还淳反朴，激薄停浇"，即可以叫人返璞归真，涤荡世风了。②

在很多情况下，光靠目力所及的观察很难知晓商品的全部情况。所以，为了保证交易的公平性，卖方应当做到知无不言、言无不尽。但在实际生活中，销售方为了尽快达成交易，以及实现利润最大化，往往会故意隐瞒商品存在的某些问题。尽管如今有保护消费者权益的相关法律，但有些相对隐晦的情况仍是难以取证的，所以商家自身的诚信依旧是确保市场健康运行的道德基础。在上述几个案例中，公沙穆、陆元方和明山宾便都是坦诚以告、公平买卖的典范，正如阮孝绪所说，让世人仿效学习，可以引导并提振社会之风气。值得一提的还有与公沙穆买猪的买家，在得知自己以高价买入病猪之后，仍坚持按原先商定好的价格履约，当然公沙穆最终还是将钱退了回去，事情得以公平公正地圆满解决。可以说，在这个事例中，公沙穆与买猪人都具有极高的诚信意识和契约精神，若买卖双方都能具

---

① 参考〔宋〕王谠：《唐语林》，古典文学出版社1957年版，第70页。
② 参考〔唐〕姚思廉撰：《梁书》第二册，中华书局1974年版，第406页。

第二章
中国古代对讲信修睦的实践

备这样的品质,那么商贸活动中的欺诈与纠纷必将大大减少。

与许多其他的不诚信行为一样,不少商业欺诈的发生亦是源于人的贪欲。所以,持身守正,不昧他人之财,也是诚信为商的重要组成部分。

在《夷坚志》中,洪迈讲述了一个宋人开店的故事。北宋末年,金兵入侵,不少北方人被迫南迁。有个叫韩洙的洺州[①]人合家迁居至信州的弋阳县[②],随后,他又独自到县城以东二十里的荆山开了一家酒肆兼客店。乾道七年(1171年)农历十二月,南方的举人都要去临安[③]参加省试,旅客络绎不绝,十分热闹。琼州[④]有个黎姓秀才在韩洙的客店住了一晚,第二天晨起离开时,不小心把一个小布袋遗漏在房间里,店小二收拾的时候看见了,便拿来交给了韩洙,韩洙说:"好好保管,待他回来取时,再仔细和他说说。"黎秀才直到走到丫头岩的驿站才发觉袋子丢了,急忙赶回韩洙的客店,到了就直奔原先住过的房间,连床铺都翻遍了,也没见着布袋子,吓得面如土色,嘴唇直哆嗦,话也说不出一句。这时韩洙过来问道:"是不是丢东西了?"黎秀才满脸愁容地说:"唉,我家住在海外,距此有五千里之远,只带了一些财物当路费,如今一夜之间全丢了,看来我定会死在路上,没法回去了。"韩洙听了笑道:"我都替你收着呢,不用担心。"于是让店小二把布袋子拿来还给秀才,袋子完好无缺,

---

① 今分属河北省邯郸市和邢台市。
② 今江西省上饶市。
③ 今浙江省杭州市。
④ 即海南省。

读懂讲信修睦

封口也同之前的一模一样。黎秀才把袋子解开,里面有四十四两白银、五两黄金,以及一对金钗,他从中拿出五两白银,想送给韩洙以示感谢,但韩洙坚决不收,秀才便感激涕零地离开了。第二年,有个叫范万顷的游士听说了此事,便在韩洙客店的墙上写下一首诗,诗云:"囊金遗失正茫然,逆旅仁心尽付还。从此弋阳添故事,不教阴德擅燕山。"诗罢又题跋曰:"世间嗜利为小人之行者,比比皆是,闻韩子之风得无愧乎?"据说洪迈记录这个故事时,韩洙还在世。[①]商铺、食肆、旅店等商业场所实际上都属于公共空间,人流量较大,店主遇见遗失物品的概率也相对较高。在这种情形下,店主能够拾金不昧,并帮助顾客保管失物,不仅体现了自身品德的廉正,而且为自己的店铺树立了诚信的口碑,这种影响力可谓是千金难换。试想,作为旅客,读了诗,听了故事,得知作为店主的韩洙有此般人品,入住该店必然是十分放心的。

当然,信誉的形成不在一朝一夕,也不止于一二回的拾金不昧,诚信为商还在于数年如一日的坚持。据《高士传》记载,东汉时有个叫韩康的人,经常游历名山采药,再到长安集市上售卖,他卖药从不二价,三十多年一直如此。有一次,有一女子向韩康买药,韩康坚持不肯让价,结果女子十分生气,问道:"难道你是韩康吗?他才从不二价。"[②]可见,在长期的坚守之下,韩康便成了"不二价"的象征之一,可媲美当下所谓品牌号召力,在民间具有广泛的影响力。诚信为商便是如此,以恒久的道德沉淀形成历久弥坚的

[①] 参考〔宋〕洪迈撰,何卓点校:《夷坚志》全四册,中华书局1981年版,第596页。
[②] 参考〔西晋〕皇甫谧撰:《高士传》,商务印书馆1937年版,第97页。

第二章
中国古代对讲信修睦的实践

信誉，这就是最有力的资本。明清时在中国商业史上大放异彩的徽商，便有"不以见利为利，以诚为利"的古训，将诚信作为营利的根源所在。

据光绪年间《婺源县志》记载，清代有个叫詹谷的婺源人，在崇明岛一家当铺当掌柜。詹谷为人真诚，又勤勉能干，很快将当铺打理得井井有条，店主也十分信任他。后来，店主觉得自己年事已高，想回老家一趟，顺便把儿子带过来准备接班，于是就将当铺暂时交由詹谷负责。不想店主离开十年始终没有回来，詹谷独自承担起当铺的经营，在其努力下，业务蒸蒸日上，还有了更大的发展。直到有一天，店主的儿子拿着父亲的信，到崇明找到了当铺。詹谷看了信之后，将这十年的收支账目交给了店主的儿子，请其清点过目，只见账目清晰明确，涓滴无私。待店主的儿子熟悉了当铺的诸项事务后，十余年未回家乡的詹谷提出自己也要回去与家人团聚了。临行之前，店主儿子与詹谷结算了这十年的薪酬，又赠送其四百两银子，詹谷只收下薪酬，婉拒了赠银，店主的儿子深受感动，崇明岛上听说此事的人也无一不钦佩詹谷的诚信正直。①

詹谷守店十年后如约归还，而不多收一分一毫，非坚韧至诚之人所难为也，也只有有这样的品质，才能将店铺经营妥善。清代婺源多有人从商，詹谷的事迹被载入地方志中，也体现了徽商以诚信为本的理念。除了詹谷，《婺源县志》还记载了另一位叫朱文炽的商人，他在广州卖茶二十余年，一直秉持着正直守诚的道德理念。有

---

① 参考〔清〕吴鹗修，〔清〕汪正元等纂：《婺源县志·卷三十五·义行·人物》，清光绪九年（1883年）刻本。

读懂讲信修睦

时他贩了刚上市的新茶赶去广州,却因路途遥远及突发的困难而耽搁成了陈茶,待要出售时,他就主动标明"陈茶"二字,以示不欺。许多牙行都劝他把牌子拿下来,认为一般人区分不出来,新旧茶的价格相差太多,这样根本无利可图,但朱文炽依旧坚持如是。也正是这种诚信不欺的商业信条,让朱文炽在商界的信誉极高,生意也越做越大,成了中国近代知名的大茶商。[1]

此外,还有著名的"红顶商人"胡雪岩,在其创立的药店胡庆余堂中,有一块"戒欺"横匾,上面是胡雪岩亲笔写的"戒欺"文:"凡百贸易均着不得欺字,药业关系性命,尤为万不可欺。余存心济世,誓不以劣品弋取厚利,惟愿诸君心余之心,采办务真,修制务精,不至欺予以欺世人,是则造福冥冥,谓诸君之善为余谋也可,谓诸君之善自为谋亦可。"与一般朝外的匾额不同,这块"戒欺"横匾是朝内悬挂的,既代表了胡雪岩诚信为商的自勉,也是对店内所有工作人员的谆谆告诫。

总而言之,为商之信的内涵,主要在于确保货真价实,买卖公平,诚信无欺,并在此基础上树立起良好的信誉。《史记·货殖列传》中说"贪贾三之,廉贾五之"[2],贪心的商人只图眼前之利,最终获利反而少,只有十之三;廉洁正直的商人意在长远,愿以薄利多销,最终获利反而多,有十之五。其实这也是"以信建业"的真义所在,先用真诚不欺之心、严正守信之行,去构筑与他人之间的

---

[1] 参考〔清〕吴鹗修,〔清〕汪正元等纂:《婺源县志·卷三十五·义行·人物》,清光绪九年(1883年)刻本。

[2] 〔汉〕司马迁撰:《史记》全十册,中华书局1959年版,第3274页。

第二章
中国古代对讲信修睦的实践

信任关系,在此基础上才能促进更加密切高效的合作,进而更好地建立和发展自己的事业。这是一个循序渐进的过程,而且坚守诚信常常与逐利避害的人之本能相冲突,有时在世人看来甚至略显愚钝,但唯有这种不投机取巧的执着守正精神,方能行诚信之道、立正义之业。

第四节　以信治国

先秦诸子百家在阐述各自的学说见解时,各有所重,百花齐放,但最终所寄寓的几乎都是"家国定、天下治"的理想目标。在各家关于如何治理国家的主张中,皆不约而同地注意到"信"的重要作用。如荀子主张以"礼义忠信"治国;墨子认为君主应言行合一,以忠信持身;管子认为诚信是"天下之结",并主张赏信罚必、以法促信;即便是推崇无为而治的老子,也认为君主应该"善不善者、信不信者",使天下人彼此友善、相互信任,归于淳朴的至德之境。

《国语》中记载了春秋时晋文公与箕郑的一段对话。当时晋国正在闹饥荒,晋文公问箕郑应该怎么救饥,箕郑的回答是以"信"救饥,"信于君心,信于名,信于令,信于事"。君主内心诚信,则不会混淆是非善恶;位分职权明确信实,则不会上下攻讦;施政号令言必有信,则不会误时废功;安排诸事皆有信用,则百姓都能各安其业。这样一来,百姓都能知晓君主的内心,并且愿意信任、依附他，只要上下一心，那么即便身处贫困也不会感到害怕，有富余的人也会愿意拿出财物出来赈济，国家就不会陷入困乏的绝境了。[1] 箕郑没有直接回答该如何赈荒救灾，却点明了国家治理的根本所在，同时阐述了以信治国的丰富内涵，如"君心之信""名之信""令之信""事之信"等。史上亦有不少将以信治国的理念付诸实践的事例，本节将从君主之信、法度之信、治军之信、外交之信四个角度，来介绍中国古代的政治家们是如何将诚信思想运用到国家治理之中的。

一、君主之信

在古代奴隶制、封建制社会中，君主作为一方的最高统治者与决策者，其品德言行对国家的发展有着重大影响。

对内而言，君主以诚信持身，自然会产生一种上行下效的表率与感化作用，即所谓"上好信，则民莫敢不用情"[2]，"上端诚，则下愿悫矣"[3]。此外，"凡人主必信，信而又信，谁人不亲"[4]，一个诚实守信的君主，会让臣民更加亲近、信任并且愿意追随，久而久之，

---

[1] 参考〔春秋〕左丘明撰，鲍思陶点校：《国语》，齐鲁书社2005年版，第186页。
[2] 〔宋〕朱熹撰：《四书章句集注》，中华书局1983年版，第142页。
[3] 〔清〕王先谦撰，沈啸寰、王星贤点校：《荀子集解》，中华书局1988年版，第321页。
[4] 许维遹撰，梁运华整理：《吕氏春秋集释》全二册，中华书局2009年版，第535页。

第二章
中国古代对讲信修睦的实践

便可"小信成则大信立"①。

燕昭王以诚纳士便是一个极有代表性的例子。战国时期,燕昭王返国即位时,燕国刚平复内乱,齐国又趁机侵占了燕国部分领土,可谓内忧外患均未平息。昭王登上王位后,以重金诚招贤士,准备壮大国力,一雪前耻,但招贤纳士的效果并不明显。于是昭王便去请教燕国的贤臣郭隗,对他说道:齐国趁燕国内乱发动突袭,大败我燕国。我知道如今国力薄弱,无法还击。但若能得贤士一同治理壮大我国,以雪先王之耻,这是我的心愿。请问我应当怎么做呢?郭隗认为,贤能之才至关重要,若帝王能够"博选国中之贤者,而朝其门下",即躬身亲访、礼贤下士,那么天下有才能的贤臣都会奔赴燕国而来。昭王又问:那我应该拜访哪位贤士呢?郭隗给昭王讲了一个故事,说是古代有个国君想以千金求购千里马,但三年都没有买到。有个内侍自告奋勇去买马,国君就让他去了。三个月后,内侍找到了千里马,可惜马却已经死了,于是他花了五百金买下马首,带回去复命。国君见了大怒,说自己要买的是活马,怎能为一匹死马浪费五百金。内侍对他说,死马尚且愿意花五百金来买,何况活马?现在天下人必定都知道您买马的诚心,很快就会有千里马送上门来了。果然,不到一年,国君就得到了三匹千里马。接着,郭隗对昭王说道:如今您想招纳贤士,不妨就从老臣开始吧,像我这样的人尚且被重用,何况比我能干的人呢?大家定会不远千里地来投奔您。于是昭王以礼厚待郭隗,为其筑宫,尊其为师。不久后,

---

① 〔战国〕韩非著,陈奇猷校注:《韩非子新校注》,上海古籍出版社2000年版,第667页。

读懂讲信修睦

魏国的乐毅、齐国的邹衍、赵国的剧辛等有才干的贤士纷纷前往燕国，燕国一时成为人才高地，逐渐发展壮大起来。① 可见，君主的诚意必须以具体的行动展现出来，这样才能让天下人信服与追随。

不过，君主长居于上位，要做到一以贯之的诚信其实是十分不易的，这要求其不仅要诚信自律，还要对所许诺的对象平等视之。《战国策》曾记载了一个故事，魏文侯与虞人约好某日要去打猎。到了当天，魏文侯原本与百官饮宴赏乐，天开始下起了大雨，这时文侯却突然要起身外出，左右的大臣们都说："今日饮酒正是尽兴时候，外边又在下雨，您这是要去哪儿呢？"文侯说道："我和虞人约好了今天要去打猎，虽然现下正高兴，但也不能因此而不去赴约啊！"于是文侯便按时去了约定之地，亲自取消了宴席。② 在古代，虞人只是一个掌管山林水产的小官，魏文侯作为国君，又碰上恶劣天气，仍坚持如期赴约，此举不仅反映了文侯为人重信，还可看出他对下臣的尊重，这也是"信"与"诚"复合内涵的体现。一个待人诚信的君主，必然会获得更多臣民的拥戴。

此外，因为君主的一言一行都有举足轻重的影响，所以人们常用"君无戏言"来形容君主之诺的郑重。"君无戏言"其实是出自西周的一个典故。据《吕氏春秋》《史记》记载，西周初年，周武王去世，年幼的长子姬诵继位，是为周成王，由周公旦摄政。有一

---

① 参考〔西汉〕刘向编集，贺伟、侯仰军点校：《战国策》，齐鲁书社2005年版，第334—335页。
② 参考〔西汉〕刘向编集，贺伟、侯仰军点校：《战国策》，齐鲁书社2005年版，第243页。

第二章
中国古代对讲信修睦的实践

天，成王和自己的三弟叔虞玩耍，成王把一片梧桐叶裁成了圭的形状送给叔虞，并对他说："我以此分封于你。"小叔虞很是高兴，还把这个好消息告诉了周公。周公便请示成王说："您是打算分封叔虞吗？是否需要选择一个吉日进行分封仪式？"成王答道："那是我和叔虞游戏时开的玩笑罢了。"周公说："臣听闻有一句话叫'天子无戏言'，天子只要开了口，所说的话便被载入史书中，以礼成之，以歌咏之。"于是，成王将唐封给了叔虞，唐在黄河、汾河之东，方圆百里，所以叔虞又被称为唐叔虞。① 这便是"君无戏言"的出处。唐代的文学家柳宗元曾写了一篇题为"桐叶封弟辨"的文章专门讨论此事，认为周公只是要强调君主说话不可随便，但也不会因为不合适的玩笑就随意促成分封之事，倘若玩笑的对象不是自己的亲弟弟，而是宦官近侍，难道还要照办吗？事关国家大事，不仅在于"王之言不可苟"，更在于其是否得当，倘若不当，那么就要不断修正使之完善。因而，柳宗元认为桐叶封地之事并非有圣人之称的周公所为，不过是佚史而已。② 这个典故暗示了"君无戏言"的两层含义：一是身为君主，必须以身作则、言行合一，不可因为对方是稚童或是其他相对弱势的人便以嬉戏之名随意许诺；二是既然君主一言九鼎，那么便须三思而后言、言则必行，要随时注意自己的言行是否恰当，即"信合乎义"，这是践信的基础。

---

① 参考许维遹撰，梁运华整理：《吕氏春秋集释》全二册，中华书局2009年版，第477—478页；〔汉〕司马迁撰：《史记》全十册，中华书局1959年版，第1635页。
② 参考张洲导读、注译：《柳宗元集》，岳麓书院2018年版，第118—120页。

读懂讲信修睦

除了对内,君主之信还体现在对外往来的诚信守诺上。在对外之信上,"春秋五霸"中的晋文公和齐桓公是两个十分具有代表性的例子。

先说说晋文公。春秋时期,晋献公之子重耳因受骊姬之乱的迫害,曾在外流亡十九年之久,历经狄、卫、齐、曹、宋、郑、楚、秦八国。其逃亡至楚国的时候,楚成王以周王室宴请诸侯上公之礼款待他,奉以九献之礼,庭中陈献之物亦不计其数。重耳想要推辞,身边的谋士子犯却说:"这是天命所归,您还是接受吧。对一个逃亡在外且身份地位尚不对等的人,竟然以国君之礼相待,若不是天意,又怎会让楚成王有这样的想法呢?"宴席过后,楚成王对重耳说:"你若能回到晋国夺得国君之位,打算如何回报我啊?"重耳对楚成王行拜谢之礼,并说道:"美人、玉帛之类的财物您都不缺;雉羽、兽毛、象牙、犀牛皮之类的珍宝,贵国的土地上亦有所产;至于那些再传入晋国的,也不过是楚国剩下的,这叫我何以为报呢?"楚成王说:"虽说如此,但我还是想听听你的想法。"重耳便回答说:"若是托您的福,我能成功复国,有朝一日如果晋、楚两国在中原交战,那么我答应您,对阵前会先行避让,退军九十里。如果这样您还是不答应,那我只好左手拿着马鞭和弓,右边挂上弓囊箭袋,与您较量一番了。"楚国的令尹子玉听了,对楚成王说:"请杀掉晋公子重耳,倘若不杀,待他复国,一定会对楚国造成威胁。"楚成王说:"不可。楚军有忧患,那是我们没整治好的缘故,我自身德行不足,杀了重耳又有何用?若天佑楚国,谁还能让我们惧怕呢?若天不佑楚国,晋国又何尝不会再出现其他明君?而且公子重耳敏达而

第二章
中国古代对讲信修睦的实践

有文才,身陷困境而不曲意逢迎,还有几位辅弼之才愿意追随侍奉他,这是天命所归啊。天之所兴,谁能废之?"[1]

后来,重耳在秦穆公的支持下成功复国即位,是为晋文公。在晋文公的统治下,晋国日益强大。周襄王二十年(前632年),子玉率楚军围攻宋国国都。次年年初,晋文公出兵救宋,与楚军对阵。为报答先前楚国的款待,晋文公下令让军队后退九十里。晋军虽然执行了军令往后撤退,但并不理解,认为己方乃君王领军,对方只是臣子作帅,"以君辟臣"是一种耻辱。子犯便对军吏解释道:"师直为壮,曲为老。出师正义,才会士气雄壮,否则就会衰弱。若非楚国昔日的恩惠,我们无法走到这里,退三舍避之,是对他们的报答。如果背惠食言,那么就是我们理亏,而楚国占理。现下我们先退军,如果楚军就此折返,那便解了此围;如果楚军还不罢手,那便是君退而臣犯,理亏的就是他们了。"[2] 楚军见晋军后撤,本想停止前行,但子玉坚持率军冒进,最终大败于城濮[3]。晋文公之所以退避三舍,一方面,是因为楚国在自己落难时以礼相待,避君三舍是自己当初答允的回报;另一方面,退军之举是晋文公正直守信的表现,这在出兵作战时是鼓舞士气的有利因素。

若说晋文公之信是为了报恩,齐桓公的例子则与之相反,被称为"信于仇寇"。齐桓公即位之后,曾多次起兵攻打鲁国。齐桓公五年(前681年),齐国修治军备,集结了大批兵马准备再次伐鲁,鲁

---

[1] 参考杨伯峻编著:《春秋左传注》第二册,中华书局2016年版,第446—447页。
[2] 参考杨伯峻编著:《春秋左传注》第二册,中华书局2016年版,第500页。
[3] 今山东省鄄城西南。

读懂讲信修睦

国不敢迎战，只在距离国都五十里处设关防守，并表示愿割地求和，向齐臣服，两国商定在柯邑[①]会盟。会盟前，双方约定均不得携带兵器，管仲认为鲁国人一定会带兵器，劝谏齐桓公不可贸然前往，但齐桓公仍决定不带兵器亲身赴会。会盟当天，鲁庄公和随行的曹刿[②]都带了剑。齐桓公和鲁庄公在祭坛上进行结盟仪式时，庄公突然出手挟持桓公[③]，并抽剑说道："鲁国原本距边境有数百里，如今只剩下五十里，反正也无法生存了，与其削地灭亡，不如现在就跟你同归于尽。"管仲、鲍叔牙想冲上前去，被曹刿抽剑挡在了台阶之前，曹刿道："两位国君要重新商议盟约了，谁也不能靠近。"庄公说："以汶水为界划分国境，不然我就只求一死了。"管仲对桓公喊道："是以地卫君，而非以君卫地，您就答应他吧。"于是齐国便以汶水为界，与鲁国重新签订了盟约。回去之后，齐桓公很是愤怒，想毁约不归还土地给鲁国，管仲劝道："不可。鲁国计划挟持您以不签盟约，您却料想不到，不可谓智；危难当前，不得不服从其威胁，不可谓勇；如今又想不兑现许下的承诺，不可谓信。智、勇、信，没有这三者，是无法建立功名的。现在把地给他们，虽然失去了一些领土，但得到了信誉。以四百里之地，换取诚信之美名传扬于天下，这是得大于失啊。"于是，齐桓公决定遵照盟约，将鲁国的土地归还给他们。此事传开之后，各诸侯都认为齐桓公对鲁庄公、曹刿这样

[①] 今山东省阳谷县阿城镇。
[②] 一说为曹沫，见〔汉〕司马迁撰：《史记》全十册，中华书局1959年版，第2515—2516页。
[③] 一说为曹沫挟持齐桓公，见〔汉〕司马迁撰：《史记》全十册，中华书局1959年版，第2515—2516页。

第二章
中国古代对讲信修睦的实践

的仇敌都能守信履约，可见其必然是个极有诚信的人，对他更加敬重，也有更多的国家愿意信任、归顺于他。①

虽然晋文公和齐桓公一个是为了报答旧恩，一个是遭受胁迫，履信的前因截然不同，但二者都是以牺牲部分利益为代价来换取君主之信。在这两个事例中，我们可以看到，在国与国之间的交往中，君主之信远不止于个人修养的体现，更代表了整个国家的立场与信誉，在关键的时刻因势利导，对内可鼓舞民心、振奋士气，对外则可改善形象、结信于天下。

以上我们谈到了君主之信的内涵及重要作用，那么应如何培养与保持这种品质呢？从个体层面上说，帝王之信也是自我之信的一种，首先在于诚己而不自欺。但是，由于帝王角色的特殊性，诚己的难度要远大于一般人。因此，他们往往要借助一些辅助手段来完成"诚己立信"的过程，其一便是从谏如流。史上有许多正直忠诚的大臣会对君主进言劝谏，如上文提到的管仲。秦汉以降，不少朝代有谏官之设，职责之一便在于对君主直言谏诤，并劝其改正过失，著名的谏臣魏徵便曾任谏议大夫一职。

在魏徵之前，还有一位名臣孙伏伽，他是我国史上有据可考的第一位状元，也是唐代敢于犯颜直谏的第一人。孙伏伽在隋末时已出仕，从小史累升至补授万年县法曹。唐高祖李渊建唐称帝后，孙伏伽是最先上疏谏言的人，李渊很是高兴，随之下诏称："周、隋之

---

① 参考黎翔凤撰，梁运华整理：《管子校注》全三册，中华书局2004年版，第354—355页；许维遹撰，梁运华整理：《吕氏春秋集释》全二册，中华书局2009年版，第537—538页。

读懂讲信修睦

晚,忠臣结舌,是谓一言丧邦者。朕惟寡德,不能性与天道,然冀弼谐以辅不逮,而群公卿士罕进直言。伏伽至诚慷慨,据义恳切,指朕失无所讳。其以伏伽为治书侍御史,赐帛三百匹。"李渊初登帝位,希望广纳谏言,既能了解下情,也可督正自己的言行,于是便破格提拔了敢于直言不讳的孙伏伽,以示嘉赏。孙伏伽亦不负所望,多有谏诤。武德四年(621年),秦王李世民平定东都洛阳,李渊下诏大赦天下。颁布赦令后,李渊又反悔,想要追究逆贼支党,将他们都流放到偏远贫瘠的地方。孙伏伽劝谏道:"臣听说'王者无戏言',如今四方已定,法令是陛下所颁布的,应当自己先行遵守,这样才能使天下百姓相信和敬畏。如果自己失信在前,还想要别人守信,这怎么可能呢?臣以为那些在赦令中当赦免的贼党,还是应当按照原令予以赦免,这是整个天下的大幸。"同时又上表建议设置谏官,李渊最后都采纳了。①

唐太宗李世民有著名的"保三镜以防己过"的说法,即"以铜为镜,可以正衣冠;以史为镜,可以知兴替;以人为镜,可以明得失"②。能够"以人为镜",虚心听取谏言的已属明君,更鲜少有帝王能够让史官直书不讳,直面关于自身功过是非的记述乃至评判。据《贞观政要》记载,贞观十四年(640年),太宗对房玄龄说道:"朕每观前代史书,彰善瘅恶,足以为后世起到规劝告诫的作用。那为什么自古以来,当代的国史却不让帝王翻看呢?"房玄龄回答说:

---

① 参考〔宋〕欧阳修、〔宋〕宋祁撰:《新唐书》全二十册,中华书局1975年版,第3995—3997页。

② 〔后晋〕刘昫等撰:《旧唐书》全十六册,中华书局1975年版,第2561页。

第二章
中国古代对讲信修睦的实践

"既然国史要做到善恶必书,以期君主不为非法之事,那么有些地方就可能会与帝王的意见相左,所以就不好让帝王翻看了。"太宗道:"我和古人的想法不同,现在想亲自看看国史,有好的地方自不必说;若有不好的地方,我也能引以为鉴,好让自己有所改正。你把写好的国史拿过来吧。"房玄龄等人将国史整理好之后呈给了皇帝。太宗看了之后,发现关于玄武门事件的记述语多隐晦,就对房玄龄说:"昔周公诛管蔡而周室安,季友鸩叔牙而鲁国宁。朕之所为,义同此类,也是为了安社稷、利万民。史官执笔,何须隐晦?应当去掉那些虚饰之词,把事情的原委写清楚。"魏徵后来上奏论及此事,说道:"臣听说,君主位居尊极,无所忌惮,只有国史可以惩恶劝善,倘若不如实记录,后人还能了解些什么呢?陛下如今让史官修正其辞,这是符合至公之道的做法。"[1]可见,无论是自观今史,还是听取谏言,君主要保持诚己信实之心,更需要通过"他者之镜"的监督与提醒,方能时时自察自省。

总而言之,作为国家的最高统治者,君主立信,对内可使臣民归心顺服,对外可树立国家信誉、缔结盟友。因此,身为一国之主,无论是对待稚童还是小臣,言行举止都不可轻慢。所谓"君无戏言",既指君主须言出必行,也是对君主应当统观全局、谨言慎行的警示。

---

[1] 参考〔唐〕吴兢著,骈宇骞译注:《贞观政要》,中华书局2011年版,第490—491页。

二、法度之信

要贯彻统治阶层的政治理念，实现一国之治，最终都需要通过具体法度政令的制定与推行来落实。所谓法度之信，指的就是政府所颁法令及其执法者在民众之中的信用度，这直接关乎民众对政府的信任与追随程度。

在社会转型或是新政推行时期，如何以最快的速度树立法度之信便显得尤为重要。战国时期，群雄割据，百家争鸣，农业生产水平也有了较大的提升，各国为壮大自身实力，纷纷推行改革和变法。例如楚悼王任命吴起为令尹在楚国发动改革，史称吴起变法。吴起在仕楚之前，在魏国任西河郡①的郡守，在任期间曾获得很高的威信。也是在西河郡，吴起首创了"徙木立信"的方法。吴起任西河郡守时，发现秦国有座小的哨亭紧挨着魏国边境，觉得是一处隐忧，最好能把它破除。但吴起有些犯难，置之不理的话，它可能会对在边境耕作的魏国农民造成危害；要除掉它的话，又好像还不足以调动军队来做这件小事。于是吴起就想了个法子，他在城北门外立了根辕木，并发布召令说："谁能把这根辕木搬到南门外，就赐他上等的田地和住宅。"起初没人站出来，后来终于有人应召把辕木搬到了南门外，吴起立即按允诺将田宅赐给了他。没过多久，吴起又在东门外放了一石赤豆，并发布召令说："谁能把这石赤豆搬到西门外，还像上回一样有赏赐。"于是大家都抢着要搬。紧接着，吴起继续发布召令："明天要攻下边境那座哨亭，谁能第一个攻占，我就任命他

---

① 今陕西省、山西省交界一带。

第二章
中国古代对讲信修睦的实践

为国大夫,赐他良田美宅!"召令一出,大家都争先恐后地报名参战,最后只用了一天就把哨亭给攻下来了。①

无独有偶,商鞅也用了相似的法子来树立威信。商鞅辅佐秦孝公,准备在秦国实施政治改革。在新法制定但未颁布实施之前,商鞅担心民众一时不肯信从,就决定先行立信。他命人在国都集市南门竖起一根三丈高的木头,并张贴了招募布告,称只要有人能把这根木头搬到北门,就能得十金。百姓们都觉得奇怪,没有一个人敢去搬。于是商鞅又让人把赏金提高到五十金,这时终于有一个人出来应召,将木头由南门搬至北门,商鞅立即让人将五十金赏金奉上,以表明自己令出必行,决不欺民。接着,才将新法正式颁布出去。这时太子也触犯了新法,商鞅认为"法之不行,自上犯之",决定依法处罚太子。但太子是君位的继承者,不能施之以刑,于是就以劓刑处罚了负责监督太子行为的太傅公子虔,以墨刑处罚了负责传授太子知识的太师公孙贾。此事之后,秦人便纷纷遵从法令了。②

吴起"徙辕立信",商鞅"立木建信",采用的都是重赏、信赏的方法。最初的门槛不能设得太高,但赏赐要足够多,并且兑现要及时、公开,这样才能产生广泛且立竿见影的宣传效果。吴起"徙辕"旨在攻亭,重在建立信任、激励民众,所以用"小信成而大信立"的方式,从徙辕到徙豆,再到攻亭,循序渐进。商鞅"立木"旨在变法,重在树立威信、使民众服从,所以"赏信"以外,还要

---

① 〔战国〕韩非著,陈奇猷校注:《韩非子新校注》,上海古籍出版社2000年版,第595页。

② 参考〔汉〕司马迁撰:《史记》全十册,中华书局1959年版,第2231页。

读懂讲信修睦

辅以"罚必",双管齐下,并且无论赏罚都要公开、公正且严明,这样才能让民众信服并敬畏。

法度之信,除了建立在法令之必行,还与执法者的品行密切相关。史上有一些在民间颇有信誉的执法者,我们可以从他们身上有所借鉴。

一是不徇私情的苏章。苏章是东汉时的官员,因少时博学而贤良方正,汉安帝时被举荐出仕,任议郎。苏章任议郎时曾数次上表陈述政令之得失,言辞恳切,可见其人之刚直。后又出任武原县令,适逢天灾,县里闹起了饥荒,苏章立即开仓赈灾,救活了三千余户百姓。至汉顺帝时,苏章迁任冀州刺史。当时苏章有个故旧在清河任太守,苏章奉命要去调查他贪赃受贿的案子。到了清河之后,苏章先设下酒宴,请了这位太守故友前来,二人畅叙往事、把酒言欢。太守高兴地说:"别人都只有一个老天爷照应,我却有两个。"苏章说道:"今夜苏孺文①与故人饮酒,这是私谊;明日冀州刺史要奉旨办案,那是公法。"第二天,苏章列出罪证,判定了太守的罪名。整个冀州境内都知道苏章执法的铁面无私,无人不望风畏肃。②

二是敢于犯颜执法的戴胄。戴胄是唐初的大臣,为人诚信而颇有才干。贞观元年(627年),唐太宗李世民认为戴胄忠清公直,将他由兵部郎中擢升为大理寺少卿。当年,朝廷开始大规模地选拔人才,有人为了选上而伪造资历,太宗对此大为恼火,下令让伪造者

---

① 孺文是苏章的字。
② 参考〔宋〕范晔撰,〔唐〕李贤等注:《后汉书》全十二册,中华书局1965年版,第1106—1107页。

第二章
中国古代对讲信修睦的实践

自首,否则就处死。不久之后,有伪造资历的人被发现了,戴胄按照律法将其判处流刑,并上疏奏禀皇帝。太宗看了之后说道:"朕当初下达旨意,不自首的就要处死,你现在又按律论罪,这是在昭告天下我不守信用啊。"戴胄说:"陛下如果当下就把人杀了,臣也无力阻拦。但您既然把案子交给大理寺来审,那臣便不敢有违律法。"太宗说:"你是守法了,却要让朕失信吗?"戴胄答道:"律法是国家颁布并施行于天下的大信;言论有时只代表一时的喜怒,属于有感而发。陛下因一朝之怒而下令处死这些人,事后觉得不妥,才将其交由大理寺承办,这是忍小忿而存大信,臣窃以为陛下的这份大义是十分珍贵的。"太宗听了叹道:"这件事朕的确处理得不太妥当,幸得你能及时纠正,朕还有什么可担忧的呢!"后来,戴胄又多次进言纠正太宗的错误,严格执法,大大减少了当时的冤狱错案。①

三是勇于自刑的李离。李离是春秋时期晋国的狱官,他因听取下属错误的案情而断错了案子,误判了人死刑,于是将自己拘起来,也定了死罪。晋文公想要赦免李离,对他说道:"官有贵贱,罚有轻重。这是下吏的罪过,不是你的错。"李离说:"臣居官为长,不与吏让位;受禄为多,不与下分利。如今听察案情有误而错判杀人,却要把罪责全部推给下吏,这没有道理。"于是推拒了晋文公的赦令。晋文公又说道:"既然你觉得自己有罪,那我岂不是也有罪?"李离答道:"狱官也要守法,误断刑案当处以刑罚,误判死罪也当处以死罪。您认为我思维缜密,能够听微决疑,所以才任命我为狱官。

---

① 参考〔宋〕司马光编著,〔元〕胡三省音注:《资治通鉴》,古籍出版社1956年版,第6031—6032页

读懂讲信修睦

如今我却因为错误的案情和判断而杀错了人,其罪当死。"说罢,他再次拒绝赦令,并拔剑自刎而死。①

以上三人都是执法者的典范,并且代表了三种不同层面的公正执法:苏章之公正在于不徇旧情,公私分明;戴胄之公正在于不畏权威,依法办案;李离之公正在于勇于负责,敢于担当。只有严明公正地执法司法,才能确保法度在民众中的威信,整个国家才能有序地运作,这便是国之"大信"。唐中宗时曾发生过一个有名的案子。某日权倾一时的太平公主到雍州一寺院进香,不知为何让人强行搬走了寺院内的一个大石磨。雍州司户参军李元纮在了解事情的原委后,判太平公主立刻归还石磨。长史窦怀贞知晓此事后大惊,让李元纮赶紧更改判书,李元纮却在判书中写道:"南山可移,判不可摇也。"②后世便将已经判定、不再变更的案件称为"南山铁案"。换个角度来说,这其实也是不事权贵、执法如山的法度之信的象征。

需要注意的是,法度之信树立不易,但崩塌却可能只在瞬息之间。春秋时期,楚厉王在国都制定了一套"击鼓示警"的制度,当遇见紧急情况时,就击鼓召集百姓来戍城。有一天,楚厉王喝醉了酒,路过示警鼓就拿起鼓槌敲了起来,百姓被惊醒,纷纷跑了出来。厉王这才清醒过来,忙让人安抚百姓,并解释道:"是我喝醉了和大臣们开玩笑,不小心敲到的。"百姓们这才各自散去。过了几个月,真的出现了紧急情况,厉王命人击鼓示警,但百姓以为和上回一样

---

① 参考〔汉〕司马迁撰:《史记》全十册,中华书局1959年版,第3102—3103页。
② 参考〔宋〕欧阳修、〔宋〕宋祁撰:《新唐书》全二十册,中华书局1975年版,第4419页。

只是玩笑，大家都不出来了。后来，厉王只好重新制定示警的信号，百姓才再次相信他。① 可见，民众对国家政令法度的信任，是建立在整个政治体系相互协作、紧密配合的基础之上的。所以，这种信任关系的建立非一人之力所能及，也非一朝一夕所能成，它的维持更需要对法度持之以恒的遵守与敬畏。只有这样，法度才能成为真正行之有效的治国重器。

三、治军之信

军队是保障国家安全、社会稳定的重要武装力量。要使天下和睦、国家强盛、人民安定，一支实力强劲、训练有素的军队是不可或缺的中坚力量。因此，治军是治国的重要环节。为了使军队有更加牢固的凝聚力与更为高效的执行力，统帅及军令的威信是关键所在，这便是我们要说的治军之信。

我国现存最早的军事著作《孙子兵法》，其作者是兵家的代表人物孙武。春秋时期，吴王阖闾即位后，伍子胥向其举荐孙武，并献上孙武所著的十三篇兵法。吴王阅后十分赏识，便召见了孙武，对他说道："你写的十三篇兵法我都拜读过了，不知能否进行小规模的实际操练呢？"孙武答道："可以。"吴王又问："能以妇人为操练对象吗？"孙武又答："可以。"于是就从宫中选出一百八十名女子，组成了一支试演军队。

---

① 参考〔战国〕韩非著，陈奇猷校注：《韩非子新校注》，上海古籍出版社 2000 年版，第 712 页。

读懂讲信修睦

孙武将这一百八十人分成两队，各以吴王的两名宠姬作为队长，让大家都拿着长戟站好。接着，孙武问道："你们都知道自己心口、左手、右手、后背在哪吧？"妇人们答道："知道。"孙武便说："当我令你们向前时，就朝心口的方向前进；令你们向左时，就朝左手方向行进；令你们向右时，就朝右手方向行进；令你们向后时，就朝后背方向后退。"妇人们又答道："好的。"公布了规则之后，孙武命人将砍刀大斧等刑具陈列了出来，又将号令、规则等复述了几次。接着，操练正式开始。孙武先是以鼓声示意队伍向右行进，妇人们却忍不住大笑起来。孙武说道："你们不清楚规则，也不熟悉号令，这是将领的过错。"于是又将命令与告诫重复了几次。接着，操练继续，孙武以鼓声示意队伍向左行进，妇人们又忍不住笑了起来。孙武说道："规则不明，号令不熟，这是将领的过错；如今已将规则号令一再申明，但你们仍不遵守，这便是队长兵士的过错了。"于是就要将左右两队的队长处斩。

吴王当时正在看台上观看操练，眼见自己的爱姬要被问斩，大惊失色，赶紧命人传令给孙武说："我已经知道你会用兵了。但这两位是我的爱姬，离了她们我也食不甘味，希望你刀下留人啊。"孙武回复说："臣既然已受命为将，将在军，君命有所不受。"最终还是斩杀了两名队长，以儆效尤。

孙武重新任命了两名队长，继续击鼓进行操练，只见妇人们都能一一按照鼓声所示，进行左右前后跪起的操演，动作标准，也再无人敢出声喧闹。这时，孙武便派人报告吴王说："臣已将军队操练整齐，大王可以到台下亲自审阅，她们能为大王所尽用，即便是

第二章
中国古代对讲信修睦的实践

赴汤蹈火亦能听令。"吴王回复说:"将军回去休息吧,我不想下去了。"孙武听了,便说道:"看来大王只是喜欢我写的东西,并不会将它付诸实践。"吴王此时终于明白孙武的确善于用兵带兵,便任命他为将军。而孙武亦不负所望,辅助吴国练军强兵,后来还打败西边强大的楚国,破其国都,震慑住北边的齐国、晋国,在诸侯国中得以扬名。①

虽然这次"吴宫教战"只是吴王对孙武的一次考验,试练对象还是毫无基础的宫中女子,从一开始吴王和妇人们的反应可以看出,他们并未将其看作真正意义上的军事演练,但孙武仍然以严肃负责的态度,将他的治军理念认真地贯彻在这次演练之中,最后终于获得了吴王的正视与重视。在孙武"教战"的过程中,治军的首要便在于立信,一是上传下达,让全军明晓军令法度;二是令行禁止,违者必惩,让全军服从并敬畏军令。此外,孙武还提到了"将在军,君命有所不受"的观点,这也是后世常被提及的一种军事思想。后世的运用主要体现在具体的作战中,因战场情况瞬息万变,将领更加清楚符合当下情况的最佳策略选择,需要一定的自主决策权。而在这个案例中,孙武主要是以此为由拒绝了吴王对宠姬的求情,从而达到违令者严惩、以正军纪的目的,若非如此,将领和军法的威信便无法在嬉笑玩闹的宫妇中建立起来。

严明军纪、违者必惩的立信之法,在许多具体的军事管理实践中都有所运用。如《史记》所载的穰苴治军便是一个经典的例子。穰苴生于春秋后期,是齐国大夫田完的后代。齐景公时,齐国先后

---

① 参考〔汉〕司马迁撰:《史记》全十册,中华书局1959年版,第2161—2162页。

败于晋、燕两国,景公十分忧虑。这时,晏婴向景公举荐了穰苴,说他虽为田家庶子,但"文能附众,武能威敌"。于是景公便召见穰苴,与他讨论了一些军事方面的问题之后,景公十分高兴,直接将穰苴任命为将军,并令他率兵抵御燕国和晋国的进犯。穰苴对景公说道:"我的身份地位素来卑贱,您一下将我从平民中提拔起来,官职甚至比士大夫还要高,恐怕士兵们不愿服从我,百姓们也不会信任我,人微而权轻,所以我想请陛下派一位您宠信的、地位尊贵的大臣来担任监军。"景公答应了,下令让庄贾前往监军。穰苴辞别景公之后,便与庄贾约定第二天正午在军营门口集合。

第二天,穰苴先到了军中,立好圭表、设下漏壶,等候庄贾前来。庄贾地位显贵,一向骄横,他觉得要率领的是自己的军队,而自己又是监军,不用太着急,再加上亲戚和朋友都纷纷来送行,于是就留下来跟他们喝起了酒。到了正午,庄贾没来,穰苴便把圭表和漏壶都撤掉,走进军营,开始整饬军队,申明军纪。待将军队的各项规定都明确下来之后,已是日落时分,这时庄贾才姗姗来迟。穰苴问他为何迟到这么久,庄贾道歉说:"不才有些亲朋好友来饯行,所以晚了。"穰苴说道:"将领受命之日则忘其家,入军接受管束则忘其亲,战鼓擂动、战事告急则忘其身。如今敌国入侵,邦内骚动,士兵在前线冲锋陷阵,国君寝不安席、食不甘味,百姓的性命都维系在你身上,这时候还说什么送行呢?"接着便把军正[①]喊过来,问他:"按照军法,对已约定好时间,但未按时履约的人当如何处置?"军正回答说:"按律当斩。"庄贾听了十分害怕,忙让人快马

[①] 军队的执法官,掌军事刑法。

第二章
中国古代对讲信修睦的实践

加鞭去向景公求救。未等派出求救的人回来，穰苴便已将庄贾问斩，并在三军示众，所有的将士都为之震颤。穰苴治军严明，公正不阿，使得军心大振、士气高涨，最终击败了晋、燕，并收复了失地。①

穰苴接受了君命要领军打仗，当务之急便是要在军中树立威信，这样才能让将士诚心服从。他最初考虑的是自己出身低微，又无功绩在身，一时之间的确难以服众，所以才请齐景公再派一位能镇得住场子的监军。但在军纪面前，身份地位都排到了其次，作为将领更应身先士卒、以身作则。穰苴严格遵照军法，雷厉风行地处置了违纪的监军，而这位监军还是地位尊贵的国君宠臣，这在军中产生的影响不可谓不振聋发聩。如此一来，将领的公正严明之信，军纪的执法如铁之信，便都迅速树立起来了。

在上述两个例子里，吴王欲为宠姬求情，庄贾欲向景公求救，反映了军队管理的过程中可能会面临的"军命/君命""军权/君权"相冲突的问题。我们可以在另一个案例中，看看古人是如何解决这个矛盾的。

据《史记》记载，汉文帝后元六年（前158年），匈奴大规模进犯汉朝边境，汉文帝便任命刘礼、徐厉和周亚夫为将军，分别驻守霸上、棘门和细柳②，以防备匈奴入侵。有一次，汉文帝亲自去军队慰问，到霸上和棘门的军营时都是长驱直入，将军和士官们皆骑马相迎送。最后来到细柳军营，只见军士们都身披锐甲，手持兵

---

① 参考〔汉〕司马迁撰：《史记》全十册，中华书局1959年版，第2157—2158页。
② 霸上，在今陕西省西安市东；棘门，在今陕西省咸阳市东北；细柳，在今陕西省咸阳市西南。

刃,张弓满弦,戒备森严。皇帝的先行部队到了之后,没能直接进营,便对军中喊话道:"陛下就要到了!"驻军的都尉回复说:"将军有令,军中须听从将军的命令,而非天子的诏令。"过了一会,汉文帝也到了,还是不能进营。于是文帝便让使者拿着符节,去转告将军自己要到军中慰问。周亚夫这才传令打开大门,守门的卫兵对皇帝的从属车骑说:"将军规定,在军中不得驱驰。"文帝便让车夫拉住缰绳,缓步慢行。到了营中,周亚夫手持兵器,恭敬地向汉文帝行了揖礼,并说道:"臣现下作为将士,身披盔甲,不便跪拜,请允许臣以军礼拜见您。"汉文帝为之动容,神情也庄重起来,靠在车前横木上俯身向其致意,并派人宣告:"皇帝敬劳将军!"在慰军仪式结束后,汉文帝一行便离开了军营。刚出军营大门,许多大臣对此行的见闻表示诧异。汉文帝也感叹道:"这才是真正的将军啊!先前所见霸上、棘门的军营,仿佛儿戏一般,那儿的将士必定很容易就被敌人偷袭甚至虏走。至于周亚夫,哪有机会能侵犯到他呢?"之后的很长一段时间,汉文帝都对周亚夫称赞不已。[①]

　　皇帝要亲自去军队犒劳将士,这可以说是一件十分荣耀的大事,霸上、棘门两个军队都是营门大敞、夹道欢迎。这看似是军队对统治者的绝对服从,但对于军队管理而言,这便意味着规则可以随时因为人的因素而随意变更,实际上是对治军之信的损害。当"军"与"君"直面时,周亚夫采取的办法是按规矩和流程行事,例如天子入营前须持符节相告,入营后亦要遵守军营的规定,在军中按照军礼进行参见等,皆有规程可循,既显得庄重,也不会破坏军队管

---
① 参考〔汉〕司马迁撰:《史记》全十册,中华书局1959年版,第2074—2075页。

理的秩序。这实际上也是"依法治军"的表现,从君主到将军都能被纳入军队的纪律管理体系之中,其他将士也会更加信服和遵从,军队自然就纪律严明、井然有序了。

总的来说,以信治军最重要的便是将制度规章、政策号令都严格落到实处,执法公正,赏罚严明,如此才能让全军上下信任、敬畏、服从,军队才能越来越强大。这便是荀子所说的"政令信者强,政令不信者弱"。

四、外交之信

中华文明自古崇尚"和而不同""以和为贵"。古语有云,"国虽大,好战必亡",友邦睦邻是一个国家能够平稳发展的重要外部条件。与国内事务相比,外交关系涉及国家之间的利益博弈等问题,所以也更加多元而复杂。管仲认为"诚信者,天下之结也",诚信是与天下各国往来结交的关键所在,以诚相交、以信相结,才能保持国与国之间的和睦关系。

在国家之间的交往中,最高领导者的言行往往代表了整个国家的信誉与形象,所以"君主之信"与"外交之信"有时有重合之处。如前文提到的晋文公"退避三舍",齐桓公"归地于鲁",都是树立外交之信的典型案例。除了重大外交事件,日常的外交事务,尤其是边境事务,也要注重以诚友邻、以信睦邻。管仲便十分注重与邻国之间的关系,认为只有彼此友好、相互信任,才能化"外忧"为"助力",使国家兴盛。可见,"信"是联结国与国的纽带。所以管仲

读懂讲信修睦

才会特别叮嘱在边境供职的官吏,不能因小利、小怒而伤了彼此结交的信与义,这在外交工作中是得不偿失的。史上还有许多值得借鉴的诚信外交经验,在此试举一二与边境事务相关的例子。

唐中宗时期,西突厥的突骑施部落开始发展壮大,实力日益强盛,其首领乌质勒表示愿意与唐款塞通好。神龙二年(706年),唐中宗封乌质勒为怀德郡王。不久,时任左骁卫将军、安西大都护的郭元振到乌质勒的牙帐前与他议事。当天雨雪很大,郭元振一直站着和乌质勒谈话,一整天没有走动,到太阳下山时皮肤都冻裂了。乌质勒年老体弱,耐不住严寒,几次都险些要倒下,会面结束当晚就死了。他的儿子娑葛觉得是郭元振设计杀害了父亲,计划率兵突袭。副使解琬得知了这个消息,劝郭元振连夜逃走,郭元振却道:"我以诚信待人,何所疑惧?何况我们现在身处敌营,又能逃到哪里去呢?"于是便在帐中安然睡下。次日,郭元振身着素服前去吊唁,途中遇见娑葛的士兵,他们没料到郭元振会过来,于是也不敢相逼太甚,只将他围住,说是前来相迎并护卫唐朝使臣。待走进设灵的帐中,郭元振献上奠仪并吊唁乌质勒,哭得十分悲切,还留下来帮着料理了十几日的丧事。娑葛看在眼里,心中感念郭元振的信义,便派遣使者献给唐朝五千匹马、两百头骆驼、十余万只牛羊。[①]在这次事件中,郭元振刚与突骑施部落的首领议完事,对方就突然身亡,其子起疑亦属情理之中,郭元振等人随即身陷险境。在这样的危急

[①] 参考〔宋〕欧阳修、〔宋〕宋祁撰:《新唐书》全二十册,中华书局1975年版,第4362—4363页;〔宋〕司马光编著,〔元〕胡三省音注:《资治通鉴》,古籍出版社1956年版,第6608页。

第二章
中国古代对讲信修睦的实践

时刻,副使等人都劝郭元振赶紧逃离,但郭元振却坚持"以诚信应万变":先是坦然而真诚地前去吊唁,证明自己问心无愧,此为一;然后又主动留下相助处理丧仪等事宜,表达自己的善意与道义,此为二。最终,郭元振以自己的真诚与信义,成功地化险为夷,并促进了唐朝与突骑施部落的友好往来,保卫了国家西北边境的安宁。

北宋时期,西夏据于西北,与宋朝形成对峙局面,羌族部落则散布于宋、夏交界之间,为了维护边境的稳定,北宋对羌族部落采取抚绥的政策。宋仁宗时,"种家军"的创建者种世衡在西北任职,负责在延州[①]东北两百里处修筑青涧城,以固延州之势。城筑好后,种世衡又开田募商、积谷通货,青涧城日渐富足。种世衡间或会到羌部中行走,慰劳酋长,他为人豪爽大方,日常往来亦不吝馈赠,羌部各族都乐于为他所用。当时蕃部有个牛家族的首领叫奴讹,为人倔强骄傲,从未出来拜见过郡守,但对种世衡颇有好感,听说种世衡来了,便急忙到郊外相迎。种世衡和奴讹约定,第二天到他帐中拜访,一同去慰劳部落。结果当晚突然下起暴雪,地上的积雪足足有三尺厚。种世衡身边的属下都劝他说:"天气恶劣,道路险阻,还是不要去了。"种世衡却说:"我朝正是要以信与羌部结交,绝不可以失约。"于是冒险前去赴约了。这边奴讹还睡在帐中没有起来,心道遇上这种天气,种世衡一定不会过来了,没想到种世衡倏尔便至,奴讹始料未及,惊讶地对他说道:"在此之前从未有汉族官员到过我们部落,您居然在这样的天气里不顾安危按时过来了,果真是信任我们,想诚心与我们结交的。"于是便率全族一同拜见了种

[①] 今陕西省延安市。

世衡，表示愿意归顺听命于宋朝。① 在种世衡之前，宋朝从未有官员能与奴讹的部落开展深入往来与交流。种世衡能成功打开交往局面，首先是有之前已经树立起来的信誉与声望，这如同一把破局的钥匙，让奴讹有双方互通的意愿；其次是种世衡克服极端恶劣的天气按时履约，一方面充分体现了己方的诚意与信用；另一方面展现了对少数民族部落的极大尊重，所以成功打动奴讹，使他愿意信任和归服宋朝。

可见，诚信是"破局之钥"，国家之间若要建立长久的友好往来关系，必然有一个以诚易诚、以信结信的过程。也许践信守诺有时会损害一时之利，但有了"信义"之誉，却可以带来更广泛、更持久的合作。因此，诚信原则是考量整体利益、长远利益的一种基本外交策略，这也是外交之信的价值所在。

---

① 参考〔元〕脱脱等撰：《宋史》全四十册，中华书局1977年版，第10741—10742页。

第三章

马克思主义诚信观与讲信修睦的契合性

第三章
马克思主义诚信观与讲信修睦的契合性

晚清以降,随着鸦片战争爆发带来的社会危机与民族危机越发严峻,中国的社会性质开始发生变化,原先用于维护传统社会秩序的封建伦理道德体系也逐渐失效。许多知识分子开始探索救亡图存的方法与途径,同时开始反思旧思想旧道德中束缚人性、阻碍社会发展的部分,如维新运动、辛亥革命、新文化运动等都对传统的"三纲"进行了鞭挞与批判,甚至还有一些激进的知识分子提出了"全盘西化"的主张。应当看到,"君权神授""君为臣纲""父为子纲""夫为妻纲"等强调等级身份的封建伦理,是压抑人性、不利于社会现代性发展的部分;但诸如"仁、义、礼、智、信"等传统道德规范,仍具有积极的、导人向善的社会价值。此外,传统文化的形成及影响与我们的生产生活环境、历史发展脉络密切相连,完全摒弃、切断既不现实,亦不可取。

毛泽东在《新民主主义论》中指出,我们在对待古代文化时,应当"剔除其封建性的糟粕,吸收其民主性的精华"[1]。马克思主义在传入中国后,也经历了由理论到实践的中国化过程。中国共产党的发展历史证明,要使马克思主义理论在中国焕发生命力与创造力,就不能僵化地、教条式地生搬硬套,"必须同我国的实际情况相结合"[2]。1938年,毛泽东在党的六届六中全会上强调不能割裂对马克

---

[1]《毛泽东选集》第二卷,人民出版社1991年版,第707页。
[2]《毛泽东选集》第一卷,人民出版社1991年版,第111—112页。

思主义的学习以及对中国历史文化的传承:"我们是马克思主义的历史主义者,我们不应当割断历史。从孔夫子到孙中山,我们应当给以总结,承继这一份珍贵的遗产。"[①]2021年,习近平总书记在庆祝中国共产党成立100周年大会上提出"把马克思主义基本原理同中国具体实际相结合、同中华优秀传统文化相结合"的重要论断,在结合中国具体实际的基础上,又强调了同中华优秀传统文化的"第二个结合"。这一重要论断,既体现了以唯物史观对中国实际与传统文化一脉相承、不可分割的历史发展规律的正确认知与把握,也反映出对中华文明与中国特色社会主义的内在联系的创造性思考及探索,这是中国共产党的革命经验总结,也是革命实践成果。

新时代,我们对待包括讲信修睦在内的中华优秀传统文化,应从两个方面着手:一是在马克思主义基本原理中寻找与讲信修睦思想的契合点、结合点;二是在中国共产党的革命发展历程中总结相关经验,将马克思主义诚信观、中国传统讲信修睦思想同具体实践有机结合、融会贯通。

本章将先从理论的角度,梳理马克思、恩格斯、列宁等马克思主义经典作家的诚信观,从这些观点中分析其与中国传统讲信修睦思想的内在联系,并探讨二者之间的契合点。

---

① 《毛泽东选集》第二卷,人民出版社1991年版,第534页。

第三章
马克思主义诚信观与讲信修睦的契合性

第一节　马克思主义诚信世界观与讲信修睦思想的契合性

在讨论马克思主义诚信观之前，我们需要明确的一点是，这些观点几乎都是建立在马克思主义哲学的基础之上的。

就认识世界的基本问题而言，马克思主义认为世界的本质是物质性的，它按自身的规律在不断运动、变化并且发展，"世界的真正的统一性在于它的物质性，而这种物质性不是由魔术师的三两句话所证明的，而是由哲学和自然科学的长期的和持续的发展所证明的"[①]。意识是客观物质世界在人脑中的反映，是第二性的，但人类可以通过意识正确地认识客观世界的发展规律。因此，马克思主义强调尊重事物发展的客观规律，强调要如实、整体、联系地直面客观世界，实事求是，具体问题具体分析，正如列宁所说，"事实是顽强的东西"，"确凿的事实、无可争辩的事实"[②]，这是马克思主义诚信思想的基本出发点。

中国传统文化对讲信修睦的阐释和运用也是建立在"诚"，即"真实无妄"的基础之上的。如《大学》提出的"天道至诚"，将"诚"视为万物运行的本质规律，朱熹说"诚"为自然方面的真实，"信"是为人方面的真实，将求真务实的精神贯彻到自然与人伦的主客观世界之中。道家所讲的"修诚"，也在于顺应自然规律，朴拙而

[①]《马克思恩格斯全集》第二十六卷，人民出版社 2014 年版，第 47 页。
[②]《列宁全集》第二十八卷，人民出版社 2017 年版，第 363—364 页。

真实。墨家说"信"是言合于意，主张必须在有事实根据与实践检验的基础上进行发言与许诺。

可以看到，讲信修睦思想对真实无妄、言行合一的追求，与马克思主义实事求是的诚信世界观是一致的。在此基础上，马克思主义唯物史观又揭示了伦理道德的本质特征。马克思认为，"物质生活的生产方式制约着整个社会生活、政治生活和精神生活的过程"①，道德规范作为一种意识形态，必然与生产关系总和所构成的社会经济结构相互适应，这是促使道德形成的现实基础。恩格斯在《反杜林论》中指出："一切以往的道德论归根到底都是当时的社会经济状况的产物。"② 这为我们认识、梳理不同社会时期的诚信思想提供了理论基础。诚信作为一种基本的道德规范，既反映了一定社会历史条件下的经济生产关系，也是调节不同社会利益关系的一种方式。在不同的社会发展形态下，诚信思想也会呈现出不同的历史文化特点。

简而言之，辩证唯物主义与历史唯物主义是马克思主义诚信观形成的思想基础，其求真务实的精神与讲信修睦思想有相通之处，其对道德阶级性特征的揭示为我们看待和运用传统诚信思想提供了科学的世界观与方法论。

---

① 《马克思恩格斯文集》第二卷，人民出版社 2009 年版，第 591 页。
② 《马克思恩格斯全集》第二十六卷，人民出版社 2014 年版，第 100 页。

第三章
马克思主义诚信观与讲信修睦的契合性

第二节　马克思主义政治诚信观与讲信修睦思想的契合性

一、诚信的最高发展阶段：共产主义与天下大同

结合马克思主义唯物史观，我们可以更好地理解其政治诚信思想。恩格斯认为，在阶级社会当中，"人们自觉地或不自觉地，归根到底总是从他们阶级地位所依据的实际关系中——从他们进行生产和交换的经济关系中，获得自己的伦理观念"[1]，人与人之间的交往"都只是在一定条件下个人的交往，而不是作为单纯的个人的交往"[2]，包括诚信在内的道德规范作为一种交往规则，也不可避免地带有目的性，道德始终是阶级的道德，始终为统治阶级的统治和利益辩护。

在《共产党宣言》中，马克思、恩格斯直截了当地指出，在资本主义社会，法律、道德、宗教于无产阶级而言全都是隐藏资产阶级利益的资产阶级偏见[3]。马克思、恩格斯在其著述中对资本主义社会的经济、文化、伦理等各种制度存在的欺骗性进行了批判。

例如，在经济方面，恩格斯在《国民经济学批判大纲》中指出，国民经济学是随着商业扩张而出现的"一个成熟的允许欺诈的体系、

---

[1]《马克思恩格斯全集》第二十六卷，人民出版社2014年版，第99页。
[2]《马克思恩格斯文集》第九卷，人民出版社2009年版，第99页。
[3]《马克思恩格斯文集》第二卷，人民出版社2009年版，第42页。

一门完整的发财致富的科学",资产阶级经济学家们的研究在某种程度上是一种不诚实的诡辩术,他们不去检验矛盾出现的前提,还颠倒了抽象价值和交换价值的关系,以使"使商业的不道德不过于明显地暴露出来,他总得保留一点假象,似乎价格和价值以某种方式相联系"①。

在文化方面,马克思认为新闻出版自由是文化诚信及政府诚信的重要组成部分。他在《评普鲁士最近的书报检查令》《关于第六届莱茵省议会的辩论》等论文中严厉地驳斥了普鲁士的书报检查制度,"起败坏道德作用的是受检查的报刊","政府只听见自己的声音,它也知道它听见的只是自己的声音,但是它却耽于幻觉,似乎听见的是人民的声音,而且要求人民同样耽于这种幻觉。因此,人民也就有一部分陷入政治迷信,另一部分陷入政治上的不信任"②。

在社会伦理方面,马克思在《〈黑格尔法哲学批判〉导言》中明确地指出,德国资产阶级的道德和忠诚实际上是基于被压抑的利己主义③。马克思、恩格斯还关注到家庭伦理的问题,从唯物史观的角度看,家庭作为社会的基本构成单位,其形式、制度完全受所有制的支配,资本主义婚姻的缔结是一种由父母的、权衡利害的事情,丈夫在家庭中居于统治地位④。在《关于自由贸易问题的演说》中,马克思指出,资本主义社会所标榜的自由贸易不过是不同利益

---

① 《马克思恩格斯文集》第一卷,人民出版社 2009 年版,第 66 页。
② 《马克思恩格斯全集》第一卷,人民出版社 1995 年版,第 183 页。
③ 《马克思恩格斯全集》第一卷,人民出版社 1956 年版,第 464 页。
④ 《马克思恩格斯全集》第二十一卷,人民出版社 1956 年版,第 87 页。

第三章
马克思主义诚信观与讲信修睦的契合性

集团之间的竞争手段，本质上是"资本家压榨劳动者的自由"。马克思、恩格斯认为，在阶级社会中，荣誉、忠诚、自由、平等等概念，实际上是新的统治阶级为了达到取代旧阶级的目的而"不得不把自己的利益说成是社会全体成员的共同利益，抽象地讲，就是赋予自己的思想以普遍性的形式，把它们描绘成唯一合理的、有普遍意义的思想"[1]，在阶级社会中，国家也不过是"虚幻的共同体"。

列宁也强调道德的阶级性："我们不相信有永恒的道德，并且要揭穿一切关于道德的骗人的鬼话。道德是为人类社会上升到更高的水平，为人类社会摆脱对劳动的剥削服务的。"[2]他批判资本主义社会以"自由"的谎言来掩饰欺骗、暴力和剥削之实，并指出其根源在于生产资料私有制在"自由"交换条件下必然产生勾心斗角、互不信任、互相敌视、各行其是、尔虞我诈等等恶劣风气[3]。像苏维埃这样"真正的"工人政府则不会用"改良的空话"欺骗工人，而是"认真同剥削者进行斗争，认真实行革命，真正为工人的彻底解放而斗争"[4]。

由此可见，从马克思主义的唯物史观出发，"只有在不仅消灭了阶级对立，而且在实际生活中也忘却了这种对立的社会发展阶段上，超越阶级对立和超越对这种对立的回忆的、真正人的道德才成为可能"[5]。只有消灭私有制和阶级对立，实现社会生产力的高度发

---

[1]《马克思恩格斯全集》第三卷，人民出版社1960年版，第54页。
[2]《列宁全集》第三十九卷，人民出版社2017年版，第341页。
[3]《列宁全集》第三十九卷，人民出版社2017年版，第99—100页。
[4]《列宁全集》第三十五卷，人民出版社2017年版，第280页。
[5]《马克思恩格斯全集》第二十六卷，人民出版社2014年版，第100页。

读懂讲信修睦

展与人的自由全面发展,人与人之间的交往关系才能够免于受到利益影响,实现彼此之间自然而纯粹的诚信关系。此外,在发展国际关系方面,马克思、恩格斯主张自由联合,且应当建立在各民族国家独立、平等、和平的基础之上。"国际联合只能存在于国家之间,因而这些国家的存在、它们在内部事务上的自主和独立也就包括在国际主义这一概念本身之中"①,"不恢复每个民族的独立和统一,那就既不可能有无产阶级的国际联合,也不可能有各民族为达到共同目的而必须实行的和睦的与自觉的合作"②。可以说,共产主义既是马克思主义的初心与最终目标,也是马克思主义视域下诚信的最高发展阶段。

在中华传统文化中,通常以"大同"来描述理想中的社会图景:"大道之行也,天下为公,选贤与能,讲信修睦。故人不独亲其亲,不独子其子,使老有所终,壮有所用,幼有所长,鳏、寡、孤、独、废疾者皆有所养,男有分,女有归。货恶其弃于地也,不必藏于己;力恶其不出于身也,不必为己。是故谋闭而不兴,盗窃乱贼而不作,故外户而不闭,是谓大同。"③天下皆为公有,人人不谋私利,各得其所,各尽其力,真诚信实,和谐美好。这与马克思主义对共产主义社会的论述有高度契合之处。此外,在道家所描述的"至德之世"中,"民如野鹿,端正而不知以为义,相爱而不知以为

---

① 《马克思恩格斯全集》第三十九卷,人民出版社 1974 年版,第 84 页。
② 《马克思恩格斯文集》第二卷,人民出版社 2009 年版,第 26 页。
③ 《十三经注疏》整理委员会整理,李学勤主编:《十三经注疏·礼记正义》上、中、下,北京大学出版社 1999 年版,第 658—659 页。

第三章
马克思主义诚信观与讲信修睦的契合性

仁,实而不知以为忠,当而不知以为信"[1],正直仁爱、诚实守信都是人们自然而然的本能,甚至无须知晓,也不必教化。这与马克思所说的"共产主义者根本不进行任何道德说教","共产主义者不向人们提出道德上的要求"[2]也有异曲同工之处。在共产主义社会,人人都得到自由而全面的发展,诚信成为一种不言自明的自然品质,所以社会也就不再需要任何道德说教了。可以看到,马克思主义与讲信修睦的政治理想是相通的,并且也都是诚信发展的最高阶段。

总的来说,马克思主义的政治诚信观是在历史唯物主义的基础上,将道德伦理问题置于具体的物质条件和社会关系中进行探讨。马克思主义认为,作为道德规范的诚信是社会经济关系的一种投射,与道德主体的阶级地位密切相关。因此,在阶级社会,诚信也必然因其阶级性而具有虚伪的、不真实的一面。只有在消灭私有制、消除阶级对立的共产主义社会,才能实现没有利益关系的纯粹诚信。共产主义社会是对以往阶级社会的超越,社会生产力高度发达,劳动不是谋生的手段,而是发挥所长的需要,道德不为谋利所驱,诚信成为人的天然品质,这便是讲信修睦的最高理想境界。

二、取信于民的政务诚信观

历史唯物主义认为,社会存在决定社会意识,人民群众作为生产劳动的主体,是历史的创造者,也是社会变革的决定性力量。因

---

[1] 方勇、刘涛译注:《庄子译注》,上海古籍出版社2019年版,第200页。
[2]《马克思恩格斯全集》第三卷,人民出版社1960年版,第275页。

此，要实现共产主义这一理想愿景，需要最广泛的群众基础，需要全世界无产者的联合，而这种联合必须建立在平等、信任和团结的基础上。恩格斯曾强调真诚对于与工人阶级建立信任关系的重要性："如果说我得到工人的信任，那是因为我在任何情况下都向他们讲真话，而且只讲真话。"[1]在俄国十月革命取得成功，建立苏维埃政府后，列宁意识到"在暴力胜利以后，胜利了的无产阶级除了暴力还要有组织，有纪律，有威望"[2]。一个组织合理、纪律严明而且具有威望的政府，才能保持和巩固胜利的果实。威望的树立涉及政府的公信力建设，本质上是人民与政府的信任关系问题。

作为第一个社会主义政权的创建者，列宁曾多次强调苏维埃政权的建立源于人民群众的信任与支持，新政权区别于一切旧政权的地方在于"依靠的是人民群众"[3]，"苏维埃政权能得到绝大多数群众的同情，受到他们最热烈、最衷心的拥护，因而苏维埃政权是不可战胜的"[4]，"只有相信人民的人，只有投入生气勃勃的人民创造力泉源中去的人，才能获得胜利并保持政权"[5]。所以，作为执政党，也要能够做到领导群众，"在群众中进行组织工作，建立纪律"，并且"得到群众的绝对信任"[6]。除了深谙人民群众的重要性，列宁还结合实践形成了较为成熟的政务诚信观。

---

[1]《马克思恩格斯全集》第三十七卷，人民出版社1971年版，第340页。
[2]《列宁全集》第三十六卷，人民出版社2017年版，第50页。
[3]《列宁全集》第三十九卷，人民出版社2017年版，第420页。
[4]《列宁全集》第三十三卷，人民出版社2017年版，第267页。
[5]《列宁全集》第三十三卷，人民出版社2017年版，第61页。
[6]《列宁全集》第三十六卷，人民出版社2017年版，第50页。

第三章
马克思主义诚信观与讲信修睦的契合性

首先是反对剥削压迫,坚持人民立场。列宁指出,布尔什维克之所以能够得到工人、农民乃至多数小资产阶级的拥护,是因为"资产阶级卑鄙地背叛了被压迫民族争取自由的事业,无产阶级则忠于这一事业",所以"被压迫民族的广大居民群众,即他们中间的小资产阶级群众,对俄国无产阶级的信任超过了对资产阶级的信任"①。这是无产阶级政党的先进性所在,也体现了马克思主义唯物史观对历史规律的准确把握。

其次是对人民保持诚实诚信。列宁指出,旧政权是少数人的专政,一贯不信任群众,害怕光明,靠欺骗来维持。新政权是大多数人的专政,它完全靠广大群众的信任来维持,也丝毫没有什么隐私和秘密,"这个政权对大家都是公开的,它办理一切事情都不回避群众,群众很容易接近它;它直接来自群众,是直接代表人民群众及其意志的机关"②。列宁认为,不欺骗隐瞒,对人民保持真诚,是群众信任并愿意接近、追随的前提。这也包括能够诚实地承认和面对错误。"一个政党对自己的错误所抱的态度,是衡量这个党是否郑重,是否真正履行它对本阶级和劳动群众所负义务的一个最重要最可靠的尺度。公开承认错误,揭露犯错误的原因,分析产生错误的环境,仔细讨论改正错误的方法——这才是一个郑重的党的标志,这才是党履行自己的义务,这才是教育和训练阶级,进而又教育和训练群众。"③ 需要注意的是,列宁所说的这种政务诚信,除勇

---

① 《列宁全集》第三十二卷,人民出版社2017年版,第292页。
② 《列宁全集》第三十九卷,人民出版社2017年版,第421页。
③ 《列宁全集》第三十九卷,人民出版社2017年版,第37页。

于承认错误之外，还要与群众一同分析原因并找到改正之法，这不仅是接近群众并解决问题的途径，还是教育和训练群众的方法。列宁认为，一个国家的力量在于"群众的觉悟"，"只有当群众知道一切，能判断一切，并自觉地从事一切的时候，国家才有力量"[①]。可见，政务诚信与对人民的教育和引导是相辅相成的，这里也侧面体现出列宁的诚信教育思想。

再次是要保持与人民群众的紧密联系。列宁指出，在革命事业中，革命家往往只是起到先进阶级的先锋队的作用，"先锋队只有当它不脱离自己领导的群众并真正引导全体群众前进时，才能完成其先锋队的任务"[②]。对于一个人数不多，暂时没有较先进国家的直接援助，领导工人阶级向社会主义过渡的政党来说，"最严重最可怕的危险之一，就是脱离群众，就是先锋队往前跑得太远，没有'保持排面整齐'，没有同全体劳动大军即同大多数工农群众保持牢固的联系"[③]。列宁十分重视保持与群众的密切联系，他认为应当发挥工会联系群众、组织群众的作用，强调"联系群众是工会一切工作的基本条件"，并且"应当从组织上把它落实到工会的一切机构中，落实到工会的日常工作中"[④]。在《〈关于工会在新经济政策条件下的作用和任务的提纲草案〉的要点》中，列宁详细列出了联系群众的工作要点，包括"生活在群众之中。了解情绪。了解一

---

① 《列宁全集》第三十三卷，人民出版社 2017 年版，第 16 页。
② 《列宁全集》第四十三卷，人民出版社 2017 年版，第 23 页。
③ 《列宁全集》第四十二卷，人民出版社 2017 年版，第 383 页。
④ 《列宁全集》第四十二卷，人民出版社 2017 年版，第 382—383 页。

第三章
马克思主义诚信观与讲信修睦的契合性

切。理解群众。善于接近。赢得群众的绝对信任。领导者不脱离所领导的群众,先锋队不脱离整个劳动大军"等①。

最后是要完善政府机关的队伍建设。良好的工作作风既是有效提高工作效率的保障,也是树立政府公信力的必要条件之一。列宁对中央机关和基层单位中存在的拖拉作风十分不满,指出必须彻底根除"极为恶劣的拖拉作风和文牍主义"。列宁对官僚主义深恶痛绝,认为"我们所有经济机构的一切工作中最大的毛病就是官僚主义","如果说有什么东西会把我们毁掉的话,那就是这个"②。推行实施"罢免权"和"监督权",也是加强与人民群众的联系、完善机关队伍建设的重要举措。列宁认为,实施比多数选举制更民主的比例选举制,采取比较复杂的措施来实现罢免权,方能"使人民的代表真正服从人民"③。此外,还应大力发展"自下而上的监督",这些都是维持苏维埃同劳动人民亲密关系的方式④。

政务诚信也是中国传统讲信修睦思想的重要组成部分。如荀子便十分重视人民对国家的重要性,他所总结的"得百姓之力者富,得百姓之死者强,得百姓之誉者荣",与"人民群众是历史的创造者"这一唯物史观的基本观点是相通的。至于如何取得民心,荀子认为"得人者必与道也",所谓"道",就是"礼义、辞让、忠信",对待百姓有如教养婴孩,要用"道"来引导他们。同时,君主要树

---

① 《列宁全集》第四十二卷,人民出版社2017年版,第537—538页。
② 《列宁全集》第五十二卷,人民出版社2017年版,第288页。
③ 《列宁全集》第三十三卷,人民出版社2017年版,第106页。
④ 《列宁全集》第三十四卷,人民出版社2017年版,第186页。

立仁信之美德、做好表率，任用忠诚信实的人才作为官吏，还要建立合理的制度来构筑和巩固信用关系。管子、韩非子等人对政务诚信还有更加详细的运用和总结，包括为君立信、为臣忠信、施政履信、赏信罚必、外交结信等。可见，讲信修睦思想与马克思主义政务诚信观有许多可以结合、互动的内容，对我国的国家治理与社会管理具有丰富的借鉴意义。值得注意的是，马克思主义政务诚信观的"取信于民"是对传统民本思想的超越，政府官员与人民大众之间不再是旧时代那种具有等级差异的官民关系，而是一种相互平等、服务大众的"勤务员""社会公仆"与人民的全新关系。并且，由于民众具有监督权和罢免权，所以也会"以真正的责任制来代替虚伪的责任制"，实现真正意义上的政务诚信。

第三节　马克思主义道德教育诚信观与讲信修睦思想的契合性

一、立足实践的诚信教育观

马克思在《关于费尔巴哈的提纲》中批判了以罗伯特·欧文为代表的旧唯物主义者提出的"人是环境和教育的产物"的思想，指出："有一种唯物主义学说，认为人是环境和教育的产物，因而认为改变了的人是另一种环境和改变了的教育的产物，——这种学说忘

第三章
马克思主义诚信观与讲信修睦的契合性

记了：环境正是由人来改变的，而教育者本人一定是受教育的。"①马克思认为，不能忽视人对环境的作用、教育者对教育的作用，人与环境、教育之间是双向、相互的关系，它们统一于实践之中。诚信作为一种道德观念，其形成与社会存在等客观条件有密切的关系，同时，诚信也可以通过教育进行引导，并对社会存在产生影响。但要注意的是，包括诚信在内的道德教育应当立足于具体的实践活动。

要建立人民与政府的良好信任关系，除了做到政务诚信，对人民的教育和引导也同样重要。列宁十分重视包括诚信在内的道德教育，尤其是对年青一代共产主义道德的培养。列宁认为，培养共产主义道德一方面要学习文化知识，扫除文盲；另一方面要注意将理论与实践相结合。列宁指出，旧社会一些书本虚伪地描写了资本主义社会的情景，其实"大半都是最令人厌恶的谎言"，他进一步指出，书本与生活实践完全脱节，是"资本主义旧社会留给我们的最大祸害之一"，所有共产主义的讲话和文章都是同日常工作相互联系着的，离开工作，离开斗争的关于共产主义的书本知识"可以说是一文不值"②。执政党在执政的过程中发现错误、承认错误、分析并改正错误，是一种教育和训练群众的方法，这便是实践教育的方式之一。以实践检验知识，可以说是列宁所主张的"真实教育法"，也是共产主义诚信教育观的核心所在。

讲信修睦本身也是十分富于实践精神的思想。《中庸》认为，"至诚"的境界是可以通过教育感化去达到的，"择善而固执之"，

---

① 《马克思恩格斯选集》第一卷，人民出版社2012年版，第138页。
② 《列宁全集》第三十九卷，人民出版社2017年版，第329—330页。

"博学之，审问之，慎思之，明辨之，笃行之"①，最后落在"笃行"，强调的便是知行合一。荀子主张"善者伪也"，强调后天学习对道德养成的重要性，这种学习不是闭门造车式的，需要通过在实际生活中辨识出"善"与"不善"，再对照自省、学习实践，方能有所得。身体力行、以身垂范是古代诚信教育的重要方式之一，如曾子杀猪便是经典的案例。可见，讲信修睦思想与马克思主义都主张将诚信教育贯彻到真实的生活实践当中，二者具有高度的一致性。

二、忠诚不欺的诚信道德观

在具体的道德修养上，列宁十分注重共产党人忠诚不欺的品格，强调队伍的纯洁性与纪律性，认为这是一个团结的、有战斗力的队伍的基础。

首先是要诚实，要"说真话"。1905年9月，列宁在给编辑部的信中写道："决不要撒谎！我们的力量在于说真话！"他要求布尔什维克人坚持说真话，"因为这是我们的力量所在，而群众、人民、大众将在事实上即在斗争后作出究竟有没有力量的解答"，"吹牛撒谎是道义上的灭亡，也势必引向政治上的灭亡"②。列宁还指出，"马克思主义者可能犯的最大的最致命的错误就是把空谈当作事实，把虚假的表面现象当作实质或某种重要的东西"③。列宁所要求的"说真

---

① 〔宋〕朱熹撰：《四书章句集注》，中华书局1983年版，第31页。
② 《列宁全集》第十一卷，人民出版社2017年版，第329—333页。
③ 《列宁全集》第三十二卷，人民出版社2017年版，第45页。

第三章
马克思主义诚信观与讲信修睦的契合性

话"不仅在于诚实不伪,还在于尊重客观事实,能够透过现象看清事物的本质规律,并能通过实践去检验它。

其次是要忠诚,纪律严明、意志坚定。列宁认为,一个不真诚的共产党员,极有可能会"由于自己缺乏主见、犹豫不决和优柔寡断,而像一个公开的叛徒一样犯下叛变的罪行"[1]。所以,他认为发展党员不能只追求数量上的增加,还要注意党员质量的提高。"徒有其名的党员,就是白给,我们也不要",要把"混进党里来的人"驱除出去,只让"有觉悟的真正忠于共产主义的人留在党内","只有这样的党员才是我们需要的"[2]。列宁强调,"无产阶级能够取得胜利,是因为这里有几十万个严守纪律、意志统一的人","几万和几十万人的意志可以由一个人体现出来。这种合成的意志是通过苏维埃产生出来的","纪律、忠诚以及意志的统一一定会取得胜利"[3]。坚定不移的统一信仰可以使不同的人凝聚在一起,而严明的纪律可以使这些聚集在一起的人井然有序,并发挥出群体的最大能量。简而言之,忠诚能使意志统一,纪律能使行动统一,二者结合,便是一支团结坚韧的强大队伍,这可以说是某种意义上的以信治军。

列宁对共产党人忠诚不欺品德的要求,可以对照中国传统的"建业之信"及"治国之信"。孔子强调君子应"主忠信",诚心尽责、言而有信;管子认为,身为人臣,应当"忠信不党",作为官员,应当"信于民";荀子谈及治军时,认为应当信守承诺、执法

---

[1] 《列宁全集》第三十八卷,人民出版社2017年版,第151页。
[2] 《列宁全集》第三十七卷,人民出版社2017年版,第217—218页。
[3] 《列宁全集》第三十八卷,人民出版社2017年版,第343—344页。

严明,"己诺不信"必然会导致军力衰弱;等等。可见,忠诚不欺、坚定信实是建业者在实现理想过程中的必备道德品质,这是马克思主义与讲信修睦思想的共识。

第四节 马克思主义经济诚信观与讲信修睦思想的契合性

在诚信对各种社会关系的调节中,马克思、恩格斯较为关注诚信思想在经济领域的运用,这主要体现在马克思主义的信用经济理论上。

马克思系统地阐释和分析了信用的本质、信用的起源、信用制度的形成等资本主义信用经济运行的相关问题。他在《资本论》中引用托马斯·图克的观点对信用进行描述:"信用,在它的最简单的表现上,是一种适当的或不适当的信任,它使一个人把一定的资本额,以货币形式或以估计为一定货币价值的商品形式,委托给另一个人,这个资本额到期后一定要偿还。"[1] 随后又引用沙·科凯兰关于产业关系内的借贷如何运作的描述,详细呈现了信用的运行过程:"原料生产者把原料预付给加工制造的工厂主,从他那里得到一种定期支付的凭据。这个工厂主完成他那一部分工作以后,又以类似的条件把他的产品预付给另一个要进一步对产品进行加工的工厂

---

[1]《马克思恩格斯全集》第二十五卷,人民出版社 1974 年版,第 452 页。

第三章
马克思主义诚信观与讲信修睦的契合性

主。信用就是这样一步步展开,由一个人到另一个人,一直到消费者。……正是这种互相借贷的增加和发展,构成信用的发展;这是信用的威力的真正根源。"①

在马克思看来,信用是一种主要应用于经济活动的信任关系,它在以资本或以雇佣劳动为基础的流通中历史性地出现,如工人与资本家之间也构成一种信贷关系。同时,它是商品经济发展到一定阶段而产生的一种内生性需求。恩格斯指出,"资本主义生产愈发展,它就愈不能采用作为它早期阶段的特征的那些琐细的哄骗和欺诈手段","这些狡猾手腕在大市场上已经不合算了,那里时间就是金钱,那里商业道德必然发展到一定的水平,其所以如此,纯粹是为了节约时间和劳动"②。"随着商品流通的发展,使商品的让渡同商品价格的实现在时间上分离开来的关系也发展起来"③,"通货速度的大调节器是信用"④,商品所有者通过确立债权与债务的关系,并借助信用货币(即汇票,而非金属货币或国家纸币)支付来完成商品交换,这可以缩短流通时间,降低商品交换的成本,大大提高了效率,带来更多的剩余价值。

总的来说,信用关系是规范市场经济的一种伦理制度,它将生产、分配、交换、消费等经济关系都纳入这种伦理契约当中。一方面,就其对经济发展的积极作用来说,信用体系联结了经济活动的

---

① 《马克思恩格斯全集》第二十五卷,人民出版社1974年版,第452页。
② 《马克思恩格斯全集》第二十二卷,人民出版社1956年版,第312页。
③ 《马克思恩格斯全集》第二十三卷,人民出版社1972年版,第155页。
④ 《马克思恩格斯全集》第二十五卷,人民出版社1974年版,第590页。

各个主体，对各类参与者的利益关系起到一定的调节作用；信用制度加快了货币的流通速度，推动了社会再生产的进程，并且有利于资本的积累与扩大，促进了股份公司的形成与发展。另一方面，信用经济的发展也有其两面性，如买卖的分离可能会助长投机行为，虚假信用可能会导致生产规模过度扩张，产生经济泡沫，进而引发金融危机等。虽然马克思、恩格斯主要探讨的是资本主义的信用经济，但其研究也体现了商品经济的一般发展规律，对我国建设社会主义市场经济具有重要的借鉴意义。

中国自古以来十分重视诚信在商业经济活动中的作用，讲究"公平交易""货真价实""童叟无欺""诚实守信"等，明清时不少商帮将"以诚为利"作为从商守则，视信誉为生命。中华优秀传统文化中的"从商之信"与马克思主义经济诚信观都强调信用在经济活动中的重要地位，但传统"从商之信"主要体现在商人自身的品德操守上，而在马克思、恩格斯的研究中，信用首先是一种体现经济规律的信任关系，其次才是一种伦理原则。所以，讲信修睦思想侧重于通过营造诚信为本的道德风尚来维护健康的市场秩序，马克思主义经济诚信观侧重于通过建立行之有效的信用制度，来保障市场经济的正常、高效运行。二者体现了某种程度上的殊途同归及相辅相成，这也启发了我国以诚信道德建设和信用体系建设德法兼治的方式，推动社会主义市场经济体制的不断完善。

第四章

中国共产党对讲信修睦的传承与发展

第四章
中国共产党对讲信修睦的传承与发展

俄国十月革命后,马克思主义传入中国,中国共产党人将这一理论作为实现民族复兴的思想武器,运用到中国的革命斗争之中。中国共产党在运用马克思主义解决中国问题的过程中形成许多创新理论,这是马克思主义中国化的组成部分。在马克思主义中国化的过程中,中国共产党从中华优秀传统文化中吸收精华,将其融会贯通,并在具体实践中形成新的思想结晶。

在上一章中,我们梳理了马克思主义诚信观与讲信修睦的契合性。总的来看,马克思主义诚信观在世界观、认识论、价值观等基本思想层面,以及政治、经济、教育等具体实践领域,都与讲信修睦思想有相融相通之处。二者相较,马克思主义对历史发展和社会生产规律有着更为本质和科学的认识,可以为我们正确认识不同社会阶段的诚信思想,并将其化用以调节不同的社会利益关系提供整体的思想指导;讲信修睦思想根植于中华优秀传统文化,有悠久而深厚的历史积淀,无论在风俗习惯或文化逻辑上都有天然的民众基础,可以为我们提供关于诚信思想的丰富而生动的文化阐释与实践经验。本章将从理论与实践相融合的角度,阐述中国共产党如何在马克思主义的指导下,结合中国具体实际,对传统讲信修睦思想进行创造性转化和创新性发展,并运用至革命、建设、改革等具体实践中,实现对讲信修睦的传承与发展。

第一节　坚持实事求是的思想路线

实事求是，是中国共产党灵活运用马克思主义、推进马克思主义中国化的基本方法，是中国革命的制胜法宝，也是中国共产党真诚、信实世界观的体现。

一、理论联系实际，尊重客观事实与客观规律

中国共产党对实事求是思想路线的坚持，首先体现在如实对待客观事物，探索其内在的联系与规律。毛泽东对实事求是进行了详细的阐释："'实事'就是客观存在着的一切事物，'是'就是客观事物的内部联系，即规律性，'求'就是我们去研究。我们要从国内外、省内外、县内外、区内外的实际情况出发，从其中引出其固有的而不是臆造的规律性，即找出周围事变的内部联系，作为我们行动的向导。"[①]毛泽东尤其强调思想与客观存在、人民需要相联系的重要性，"任何思想，如果不和客观的实际的事物相联系，如果没有客观存在的需要，如果不为人民群众所掌握，即使是最好的东西，即使是马克思列宁主义，也是不起作用的"[②]，"马克思、恩格斯、列宁、斯大林教导我们认真地研究情况，从客观的真实的情况出发，而不是从主观的愿望出发；我们的许多同志却直接违反这一

---

① 《毛泽东选集》第三卷，人民出版社1991年版，第801页。
② 《毛泽东选集》第四卷，人民出版社1991年版，第1515页。

第四章
中国共产党对讲信修睦的传承与发展

真理"①。毛泽东指出,只要尊重客观事实与客观规律,"你讲的如果是真理,信的人势必就会越来越多"②。

在对实事求是思想路线的运用上,最有代表性的便是毛泽东根据实地调查和国情分析的情况,将马克思主义基本原理同中国具体实际相结合,创造性地开辟了"农村包围城市、武装夺取政权"的正确革命道路。事实证明,"农村包围城市、武装夺取政权"正确反映了中国革命的客观规律,是马克思主义中国化的重要成果。可见,只有符合实际的理论才是切实的真理,才能让人信服。1978年,邓小平在中共中央工作会议闭幕会上重申了实事求是的重要性:"实事求是,是无产阶级世界观的基础,是马克思主义的思想基础。过去我们搞革命所取得的一切胜利,是靠实事求是;现在我们要实现四个现代化,同样要靠实事求是。"③

二、老老实实地学习知识和追求真理

坚持实事求是还是一种务实态度的体现,主要表现在以一种"拙诚"的精神学习知识、追求真理,不可投机取巧。毛泽东在《实践论》中指出:"知识的问题是一个科学问题,来不得半点的虚伪和骄傲,决定地需要的倒是其反面——诚实和谦逊的态度。"④毛泽东

---

① 《毛泽东选集》第三卷,人民出版社1991年版,第797页。
② 《毛泽东文集》第七卷,人民出版社1999年版,第55页。
③ 《邓小平文选》第二卷,人民出版社1994年版,第143页。
④ 《毛泽东选集》第一卷,人民出版社1991年版,第287页。

主张老老实实的学习和实践态度:"马克思列宁主义是科学,科学是老老实实的学问,任何一点调皮都是不行的。我们还是老实一点吧!"① "凡真理都不装样子吓人,它只是老老实实地说下去和做下去。"② 毛泽东还认为,诚实谦逊不等于盲目迷信,应当以辩证的态度来看待,"不论古代的也好,现代的也好,正确的就信,不正确的就不信,不仅不信而且还要批评。这才是科学的态度"③。

这种忠于客观世界与客观规律,以诚实谦逊的态度,结合实际情况、运用科学方法来解决主要矛盾和主要问题的思想路线,实际上便是辩证唯物主义在诚信世界观方面的贯彻与运用。此外,这也与"天道至诚""修胸中之诚"等传统文化思想所强调的顺应万事万物的真实本质、遵循天地宇宙的自然规律,有相互契合之处。

第二节 坚持为人民服务的群众路线

马克思主义唯物史观认为,人民群众是历史的创造者。在这一基本思想的指导下,中国共产党始终坚持为人民服务的群众路线,相信人民、依靠人民、服务人民、取信于民,这也体现了中国共产党忠诚于民的诚信价值观。

---

① 《毛泽东选集》第三卷,人民出版社 1991 年版,第 800 页。
② 《毛泽东选集》第三卷,人民出版社 1991 年版,第 835 页。
③ 《毛泽东文集》第六卷,人民出版社 1999 年版,第 330 页。

第四章
中国共产党对讲信修睦的传承与发展

一、以人民为中心：中国共产党的根本执政理念

忠诚于民，首要的便是把人民放在心中最高位置。为人民立言代言是马克思主义与生俱来的政治立场，也是中国共产党区别于其他政党的显著标志。我们党始终坚持人民至上，将以人民为中心的执政理念贯穿始终。

毛泽东多次强调不可脱离人民群众，"应该使每一个同志懂得，只要我们依靠人民，坚决地相信人民群众的创造力是无穷无尽的，因而信任人民，和人民打成一片，那就任何困难也能克服，任何敌人也不能压倒我们，而只会被我们所压倒"[1]，"没有人民就会垮台"[2]。要依靠人民，就要关心人民所需、让人民信任。毛泽东指出，为群众服务，这就是处处要想到群众，为群众打算，把群众的利益放在第一位，"如果不帮助人民，就是背叛马克思主义"[3]，"这是我们与国民党的根本区别，也是共产党员革命的出发点和归宿"[4]。毛泽东还强调必须树立全心全意为人民服务的意识，"不要半心半意或者三分之二的心三分之二的意"[5]，并且还要把这

---

[1]《毛泽东选集》第三卷，人民出版社1991年版，第1096页。

[2] 中共中央文献研究室编：《毛泽东著作专题摘编》下，中央文献出版社2003年版，第1884页。

[3] 中共中央文献研究室编：《毛泽东著作专题摘编》下，中央文献出版社2003年版，第1884页。

[4] 中共中央文献研究室编：《毛泽东著作专题摘编》下，中央文献出版社2003年版，第1883页。

[5] 中共中央文献研究室编：《毛泽东著作专题摘编》下，中央文献出版社2003年版，第1884页。

种意识落到实处,"一切空话都是无用的,必须给人民以看得见的物质福利"①。

邓小平十分重视人民对党的信任,强调"一定要取信于民"。邓小平认为,取信于民的第一条,是要建立一支让群众信任的领导干部队伍。1989年,邓小平在同两位中央负责同志谈话时指出,领导"要取信于民,要得到人民对这个集体的信任,使人民团结在一个他们所相信的党中央领导集体周围"②。取信于民的第二条,在于"真正干出几个实绩"③。邓小平指出:"一定要使人民得到实惠,得到看得见的物质利益,从切身经验中感到社会主义制度的确值得爱。"④他还提到,有些同志滥用了人民对党的信任,滥用了党的威信,让群众不满,想着"共产党不见了",但当错误被改正回来以后,人民群众就说"共产党回来了",这样的人民,是很好的人民,"我们不依靠人民,不走群众路线,是毫无道理的"⑤。

江泽民强调要高度关注党同人民群众的关系,因为"党同人民群众的关系如何,是关系到党的事业兴衰成败和党的生死存亡的一个根本政治问题"⑥,"人心向背,是决定一个政党、一个政权兴亡的

---

① 《毛泽东文集》第二卷,人民出版社1993年版,第467页。
② 《邓小平文选》第三卷,人民出版社1993年版,第299页。
③ 《邓小平文选》第三卷,人民出版社1993年版,第298页。
④ 中共中央文献研究室编:《邓小平思想年编(1975—1997)》,中央文献出版社2011年版,第336页。
⑤ 《邓小平文选》第一卷,人民出版社1994年版,第301页。
⑥ 中共中央政策研究室、中共中央文献研究室编:《江泽民论加强和改进执政党建设(专题摘编)》,中央文献出版社、研究出版社2004年版,第527页。

第四章
中国共产党对讲信修睦的传承与发展

根本性因素"①。江泽民指出，依靠人民，相信人民，汲取人民的智慧，尊重人民的创造，接受人民的监督，既是"共产党人的世界观、人生观、价值观，也是共产党人的工作方法"②。

胡锦涛非常重视民心向背的问题，强调"只有深刻认识人民创造历史的伟力，真诚代表中国最广大人民的根本利益，一切为了人民，一切依靠人民，我们党才能得到人民的充分信赖和拥护，才能无往而不胜"③，"民心向背，是检验一个政党是否具有先进性的试金石"④。

党的十八大以来，习近平总书记明确提出以人民为中心的发展思想，指出"人民立场是中国共产党的根本政治立场，是马克思主义政党区别于其他政党的显著标志"，"党的根基在人民、党的力量在人民"⑤，"必须坚持以人民为中心的发展思想，不断促进人的全面发展、全体人民共同富裕"⑥。习近平总书记强调："党的干部必须做人民公仆，忠诚于人民，以人民忧乐为忧乐，以人民甘苦为甘苦，全心全意为人民服务。"⑦

可以看到，中国共产党以人民为中心的执政理念，一方面是基

---

① 《江泽民文选》第三卷，人民出版社2006年版，第185页。
② 中共中央文献研究室编：《江泽民思想年编（1989—2008）》，中央文献出版社2010年版，第198页。
③ 中共中央文献研究室编：《十六大以来重要文献选编》下，中央文献出版社2008年版，第522页。
④ 中共中央文献研究室编：《十六大以来重要文献选编》下，中央文献出版社2008年版，第535页。
⑤ 《习近平谈治国理政》第二卷，外文出版社2017年版，第40页。
⑥ 《习近平谈治国理政》第三卷，外文出版社2020年版，第15页。
⑦ 《习近平谈治国理政》，外文出版社2014年版，第413页。

于马克思主义的政治立场与建党初心;另一方面是基于治国理政必须取信于民的历史经验。值得注意的是,中国共产党的人民立场是对古代"民为邦本,本固邦宁","水可载舟,亦可覆舟"的转化与超越。在社会主义社会,人民群众不是被统治阶级,而是当家作主的主人。周恩来强调:"我们今天是新中国的主人,不能讲起来是无产阶级领导的人民大众的政权,人民民主的国家,可是做起来却是一小圈圈人,不象个领导者,反倒象个孤立主义者,做的跟说的不一样。"[1]中国共产党要谋求的不是阶级社会中"一小圈圈人"的私利,而是广大人民群众的利益。

二、"三大纪律、六项注意":严纪践诺,建信于民

忠诚于民,关键在于与人民群众建立彼此信任的关系。中国共产党与人民群众信任关系的初步缔结,便是建立在严明军纪、信守承诺的诚信实践之上。

作为一个新生的无产阶级革命党,要获取民众的支持,最首要也是最为基础的,是让人民群众放下戒备与恐惧,建立融洽的军民关系。

1927年10月,毛泽东率领秋收起义的部队准备进入井冈山。在上山前,毛泽东在荆竹山村前"雷打石"处发表讲话,要求部队官兵和山上的群众及部队搞好关系,并首次提出了工农革命军的

---

[1]《周恩来选集》上卷,人民出版社1980年版,第328页。

第四章
中国共产党对讲信修睦的传承与发展

"三大纪律":第一,行动听指挥;第二,不拿老百姓一个红薯;第三,打土豪要归公。1928年1月,工农革命军在占领遂川城时出现了一些纪律方面的情况,如有战士借了百姓的门板和稻草没有主动归还,睡过的地方没有打扫干净,甚至还出现了烧房子的事件。针对这些情况,毛泽东又宣布了工农革命军的"六项注意":第一,上门板;第二,捆铺草;第三,说话和气;第四,买卖公平;第五,不拉伕,请来伕子要给钱;第六,不打人骂人。1928年4月,毛泽东根据数月以来做群众工作的经验,正式宣布了"三大纪律、六项注意",其中"三大纪律"是:第一,行动听指挥;第二,不拿工人农民一点东西;第三,打土豪要归公。"六项注意"为:一,上门板;二,捆铺草;三,说话和气;四,买卖公平;五,借东西要还;六,损坏东西要赔。"三大纪律、六项注意"的严格执行,使红军得到了当地百姓的拥护,当时湘赣边界还流传着这样的歌谣:"红军纪律真严明,行动听命令;爱护老百姓,到处受欢迎;遇事问群众,买卖讲公平;群众的利益,不损半毫分。"[①]

军与民之间有天然的力量强弱对比,要构建和谐融洽的军民关系,一方面要严格加强军队的纪律管理;另一方面要以"小信"积累"大信",从不侵占百姓一分一毫的财产做起。

在抗日战争、解放战争时期,人民群众为共产党军队的粮食供给提供了很大的支持与帮助,其中一个重要的方式就是借粮记账。许多百姓非常热情积极地提供粮食,有的还执意不肯收钱,但军队还是想方设法地把钱还给他们,所以许多地方都流传着共产党借粮

---

① 江西省井冈山市委党史办公室编:《井冈山斗争简史》,第19—20页。

还款的故事。如 1929 年年初,毛泽东、朱德率领红四军主力离开井冈山向赣南挺进,行至瑞金以北的大柏地一带时,许多连队已断粮,村子里的百姓因为听信了国民党的谣言几乎都躲到了山上。在这样的危急而又特殊的时刻,毛泽东与朱德商量后,同意部队可以先拿百姓留在家中的食物应急,但必须留下借条,说明日后会如数归还。50 多天后,红四军重返大柏地,毛泽东亲自召集村民开会说明情况,并当场兑现之前所欠的款项。有些村民原本不相信军队会对百姓守诺,把借条撕毁或丢弃了,但只要说个数目,红军同样如数付款。这让当地的村民十分高兴,从内心开始认可红军是"自己的队伍"[1]。同年,朱德率领军队出击闽中,路过漳平县杨美村时欲向群众买米,恰逢店老板不在,于是就按市价留款,并把借条写在了墙上:"老板:你不在家,你的米我买了二十六斤,大洋二元。大洋在观泗老板手里。红军。"[2] 像这样的故事还有许多,美国记者埃德加·斯诺在延安采访时也注意到,红军在经过私人果园时,从没有人会去碰里面的果子,在村子里吃的粮食蔬菜也都会照价付钱。共产党军队严于守纪、诚实守信的形象,便是在这些点滴细节中一

---

[1] 参考胡国铤、彭光华主编:《中央苏区行》,中共党史出版社 2007 年版,第 141—142 页。

[2] 参考福建省地方志编纂委员会编:《福建省志·粮食志》,福建人民出版社 1993 年版,第 49 页。

第四章
中国共产党对讲信修睦的传承与发展

步步筑牢并长驻于百姓心中的。可以说,"三大纪律、六项注意"①是中国共产党建信于民的一项重要且卓有成效的举措。

三、从土地革命到脱贫攻坚:为民谋利,取信于民

忠诚于民,最终要落实到为百姓谋取切实的利益之上。毛泽东、邓小平等都强调空谈无用,要给人民看得见的物质福利,干出实绩。

在新民主主义革命时期,中国广大农民最为关切的便是土地问题。生于农业大国、农业古国,"耕者有其田"可谓是中国农民数千年来的夙愿。毛泽东在党的七大上作的政治报告中指出:"在中国条件下,只有我们共产党人把('耕者有其田')这项主张看得特别认真,不但口讲,而且实做。"②1927年,八七会议确定了土地革命和武装反抗国民党反动派的总方针。随后,中国共产党在农村革命根据地开展了"打土豪、分田地"的土地革命。在土地革命运动中,毛泽东主持制定了一系列政策和方针,如井冈山《土地法》、兴国县《土地法》、《土地问题决议案》等。经过三年多的实践和探索,基本上形成一套切实可行的土地革命路线、政策和方法,主要内容包括:

---

① "三大纪律、六项注意"后来又发展为"三大纪律、八项注意",内容几经修订变更。1947年10月10日,毛泽东起草发出《中国人民解放军总部关于重行颁布三大纪律八项注意的训令》,对内容作了统一规定,其中三大纪律为:(一)一切行动听指挥;(二)不拿群众一针一线;(三)一切缴获要归公。八项注意为:(一)说话和气;(二)买卖公平;(三)借东西要还;(四)损坏东西要赔;(五)不打人骂人;(六)不损坏庄稼;(七)不调戏妇女;(八)不虐待俘虏。

② 《毛泽东选集》第三卷,人民出版社1991年版,第1075页。

读懂讲信修睦

依靠贫农、雇农，联合中农，限制富农，消灭地主阶级，变封建土地所有制为农民土地所有制；以乡为单位，按人口平均分配土地，在原耕地基础上，抽多补少，抽肥补瘦；等等。[1]切实解决农民的土地问题，一方面使他们在经济上获益；另一方面改变了他们被剥削阶级的政治身份。此外，苏维埃政权成立后，在根据地积极兴办文化教育、推行民主政治等，增强了人民群众的认同感。农民们亲身感受到中国共产党是实实在在为他们谋求利益的，他们愿意相信和拥护党的领导，同时大大激发了他们参加革命的积极性。

在中华人民共和国成立之后，作为执政党的中国共产党一直致力于解决与民众关系密切的民生问题。

例如，在中华人民共和国成立之初，通过打击投机倒把、稳定物价以重建经济诚信。自1937年抗日战争全面爆发后，受国内经济恶化等影响，国民政府发行的法币已经开始贬值。第三次国内革命战争时，国民政府为了解决军费开支问题，开始大肆印刷纸钞，"1947年6月增加额比1937年6月到1945年12月总增加额还多"[2]。在这样的恶性通货膨胀政策下，纸钞迅速变得如同废纸一般。以全国的经济中心上海为例，1948年的物价较1937年上涨了492.7万倍[3]。在法币崩溃后，国民政府又开始发行金圆券，膨胀速度更甚，物价飞涨，不到一年已出现"粒米百元"的状况，可

---

[1]《中国共产党简史》，人民出版社、中共党史出版社2021年版，第50页。
[2] 杨培新编著：《旧中国的通货膨胀》，生活·读书·新知三联书店1963年版，第65页。
[3] 徐翀：《国民经济恢复时期的中央银行研究》，中国金融出版社2016年版，第68页。

第四章
中国共产党对讲信修睦的传承与发展

谓是"钞票满天飞,人人活不了"①。由于金圆券的贬值,银元成为市面上流通的主要货币,一些投机商人便趁机囤积银元。1949年5月,上海解放,这些银元投机贩子引导市场抵制人民币,甚至扬言"解放军进得了上海,人民币进不了上海"。上海市委最开始采取抛售银元的方法来压制,但收效甚微,银元价格暴涨,人民币币值下跌,物价也随之波动。长此以往,不仅人民币无法在市场流通,通货膨胀的问题得不到解决,人们也会失去对新币、新政府的信任。在这样严峻的形势下,党和政府决定采取强制的行政手段来迅速解决这场金融危机,一是规定人民币为唯一合法货币,禁止金条、银元、外币的自由流通,统一由中国人民银行收兑;二是查封投机大本营——位于上海证券大楼的证券交易所,扣押银元投机分子200余人。通过以上措施,银元价格持续下跌,人民币很快取得主导地位,物价也随之下落。但投机商并未就此罢休,他们又将眼光投向"两白一黑",开始囤积大米、棉花和煤炭,并恶意抬高物价。对此,中央财经委员会部署在全国各大城市集中调运相关物资,在市场高价之际大量抛售,使物价迅速下跌,投机商纷纷破产。1949年12月,随着"银元之战"和"米棉之战"的胜利落幕,上海持续了12年的通货膨胀终于宣告结束,物价恢复稳定,社会经济诚

---

① 1947年5月,上海开展"反内战、反饥饿、反迫害"运动。木刻协会为配合这次政治运动,组织部分会员创作一批木刻传单,其中有一份传单的主题便是"钞票满天飞,人人活不了",作者为李桦。

信得以重建，人们的日常生活也逐渐走上正轨。①

又如，持续开展扶贫、脱贫工作，兑现消除贫困的承诺。消除贫困，是人类共同的夙愿，也是社会主义的本质要求。作为发展中国家，中国一直饱受贫困问题的困扰。自中国共产党成立之日起，就把消除贫困作为定国安邦的重要任务。邓小平曾指出："不要光喊社会主义的空洞口号，社会主义不能建立在贫困的基础上。"② 从新民主主义革命时期的土地改革运动，到改革开放推动农村经济体制改革，到20世纪80年代中期成立扶贫办、开展大规模开发式扶贫工作，到90年代制定实施扶贫攻坚计划，再到21世纪推进农村扶贫开发，等等。中国共产党一直在消除贫困的道路上探索、前行，也取得了巨大的成果，成功让7亿多农村贫困人口脱贫。但我国贫困人口数量多，深度贫困地区脱贫难度大，至2014年年底，仍有7000多万农村贫困人口。

2015年11月，中共中央、国务院发布《关于打赢脱贫攻坚战的决定》，提出"确保到2020年农村贫困人口实现脱贫"的任务目标。随后，各部委将决定细则化。建立了详细的脱贫攻坚责任体系、政策体系、投入体系、动员体系、监督体系、考核体系等，扎实推进精准扶贫重点工作。为了确保打赢脱贫攻坚战，22个脱贫任务重的省区市党政主要负责同志向中央签订了《脱贫攻坚责任书》，中共

---

① 参考中共中央党校理论研究室编：《历史的丰碑 中华人民共和国国史全鉴4》经济卷，中共中央文献出版社2004年版，第5—6页；张珊珍：《读懂百年党史》，浙江人民出版社2021年版，第187—191页。
② 《邓小平文选》第三卷，人民出版社1993年版，第213页。

中央和国务院也建立了严格的考核评估机制。2019年1月，习近平总书记在中共中央政治局第十二次集体学习时强调："脱贫攻坚是一项历史性工程，是中国共产党对人民作出的庄严承诺。我们党最讲认真，言必行、行必果，说到做到。"2021年，我国脱贫攻坚战取得全面胜利，区域性整体贫困问题得到解决，完成了消除绝对贫困的艰巨任务。从庄严承诺，到严格执行，再到如约践诺，打赢脱贫攻坚战，既为实现全面建成小康社会作出了关键性贡献，也是中国共产党践诺以行、取信于民的最佳例证。

可以看到，中国共产党忠诚于民的诚信思想是建立在让人民得到切实的利益的基础之上的，并据此赢得了广大人民群众的信任、认同与追随。这是对马克思主义政务诚信观和讲信修睦思想中的"以信治国"的吸收与发展，也是中国共产党百年发展历程中积累的基本经验。

第三节 坚持忠诚老实的革命品质

在实事求是的诚信世界观与忠诚于民的诚信价值观基础上，中国共产党对讲信修睦的传承与发展还体现在对共产党员的品德要求和干部队伍的作风建设之中。

一、当老实人，说老实话，做老实事

中华优秀传统文化素来强调修身，尤其注重个人的道德修养，其中诚信更被视为修德立身的根本与基础。而辩证唯物主义实事求是的世界观，在伦理价值观上则体现为诚实不伪。毛泽东对这种基本素质作了通俗易懂而又恰如其分的表达，即"老实"，倡导共产党员要"当老实人，说老实话，做老实事"。1977年，邓小平在党的十届三中全会上指出，大庆讲"三老"，做老实人，说老实话，干老实事，就是实事求是。毛泽东同志倡导的作风，群众路线和实事求是这两条是最根本的东西。①

"老实人"最基本的特点就是实事求是，真诚不欺，实话实说。毛泽东在党的七大上作的口头政治报告中特别提到"要讲真话，不偷、不装、不吹"，他还形象地作了阐释，"偷就是偷东西，装就是装样子，'猪鼻子里插葱——装象'，吹就是吹牛皮。讲真话，每个普通的人都应该如此，每个共产党人更应该如此"②。毛泽东特别强调"实际性"，反对"不着重实际，铺张夸功"③。对待同志和人民应"诚诚恳恳，无所谓精神征服"④，"我们是靠老实吃饭，不靠摆架子吃饭"⑤，"至于以装腔作势来达到名誉和地位的目的，那更是卑劣的念

---

① 《邓小平文选》第二卷，人民出版社1994年版，第45页。
② 《毛泽东文集》第三卷，人民出版社1996年版，第349页。
③ 《毛泽东文集》第二卷，人民出版社1993年版，第294页。
④ 《毛泽东文集》第三卷，人民出版社1996年版，第272页。
⑤ 《毛泽东文集》第六卷，人民出版社1999年版，第346页。

第四章
中国共产党对讲信修睦的传承与发展

头,不待说的了"①。

除了真诚不欺、讲真话、讲实话,老实人还应做到脚踏实地、言行一致。言行一致,首先是思想与行动的一致。毛泽东指出,有了正确的政治方向后,还要坚定,"这样的道德,才算是真正的政治道德","有一些人,他们嘴上道德、气节乱喊一阵,但在政治上是不坚定的,中途会变节的,这是无道无德"②。毛泽东强调:"共产主义者是理论和实践一致的,即有革命彻底性。"③邓小平也提倡要将实事求是的指导思想落在实处。他指出,必须发扬将崇高理想逐步变为现实的脚踏实地的革命作风,否则"美好的前景如果没有切实的措施和工作去实现它,就有成为空话的危险"④。其次是要在日常实践中做到光明磊落、表里如一。毛泽东指出,要提高对于"阳奉阴违,口是心非,当面说得好听,背后又在捣鬼"的两面派行为的注意力,才能巩固党的纪律⑤。江泽民强调:"共产党员在政治上要光明磊落,讲真话,办实事,言行一致,表里如一,反对当面一套、背后一套。"⑥

在中国共产党的革命理想与革命事业中,"老实"也常常升华为"忠实""忠诚",这是对共产主义信仰最为坚定的诠释。毛泽东曾对

---

① 《毛泽东选集》第三卷,人民出版社1991年版,第836页。
② 《毛泽东文集》第二卷,人民出版社1993年版,第191页。
③ 《毛泽东选集》第二卷,人民出版社1991年版,第688页。
④ 《邓小平文选》第二卷,人民出版社1994年版,第110页。
⑤ 《毛泽东选集》第二卷,人民出版社1991年版,第532页。
⑥ 中共中央文献研究室编:《江泽民论有中国特色社会主义(专题摘编)》,中央文献出版社2002年版,第616页。

孔子的道德论"给以唯物论的观察",重新阐释并补充了"三达德",同时强调:"但还有别的更重要的态度如像'忠实',如果做事不忠实,那'知'只是言而不信,仁只是假仁,勇只是白勇。"[1]毛泽东还认为,忠实的共产党员应是革命利益至上的,"一个共产党员,应该是襟怀坦白,忠实,积极,以革命利益为第一生命,以个人利益服从革命利益"[2]。共产党员之忠诚,在忠诚于党,忠诚于革命,忠诚于信仰,归根结底都汇聚在人民这个核心上。

至于什么人是"不老实的人",毛泽东认为,"为个人利益为局部利益闹独立性的人","一切狡猾的人,不照科学态度办事的人,自以为得计,自以为很聪明,其实都是最蠢的,都是没有好结果的"[3]。

总的来看,我们可以将中国共产党所倡导与追求的这种基本革命品质归纳为"忠诚老实",这也是中国共产党个人诚信观的体现。1956年,中国共产党第八次全国代表大会将"对党忠诚老实"写入党章,从此,"忠诚老实"成为对每个共产党员的基本要求。

二、倡导求真务实、清正廉洁的党风政风

除对共产党员个人修养的要求之外,中国共产党也十分重视干部队伍的作风建设,邓小平便将"建立一支群众信任的领导干部队

---

[1]《毛泽东文集》第二卷,人民出版社1993年版,第163页。
[2]《毛泽东选集》第二卷,人民出版社1991年版,第361页。
[3]《毛泽东选集》第三卷,人民出版社1991年版,第822页。

第四章
中国共产党对讲信修睦的传承与发展

伍"视作取信于民的首要条件。

一是在干部选拔时严把作风关。邓小平指出:"干部不是只要年轻,有业务知识,就能解决问题,还要有好的作风。要全心全意为人民服务,深入群众倾听他们的呼声;要敢说真话,反对说假话,不务虚名,多做实事;要公私分明,不拿原则换人情;要任人唯贤,反对任人唯亲。"① 胡锦涛指出,领导干部的作风状况是人民群众评判一个政党是否值得信赖、能否执好政的重要依据,"一个政党的领导干部作风好,其在人民群众中的凝聚力和号召力就强,其执政基础就稳固。一个政党的领导干部作风不好,就必然脱离群众、失去人民群众信任,其执政基础就会逐渐瓦解"②。他强调在干部选拔上要严格把关,"那些公开背离党的路线或者当面一套、背后一套、阳奉阴违的人;那些贪图私利,贪图享乐,只考虑个人得失,不顾党和人民利益,甚至以权谋私的人;那些只说不做,弄虚作假,欺上瞒下,热衷于搞形式主义、花架子的人;那些没有事业心和责任感,得过且过、敷衍塞责的人;那些吹吹拍拍、拉拉扯扯,热衷于跑官要官的人,都不能进入领导班子"③。习近平总书记强调:"领导干部要把深入改进作风与加强党性修养结合起来,自觉讲诚信、懂规矩、守纪律,襟怀坦白、言行一致,心存敬畏、手握戒尺,对党忠诚老实,对群众忠诚老实,做到台上台下一种表现,

---

① 《邓小平文选》第三卷,人民出版社 1993 年版,第 146 页。
② 中共中央文献研究室编:《十六大以来重要文献选编》下,中央文献出版 2008 年版,第 870—871 页。
③ 中共中央文献研究室编:《十五大以来重要文献选编》中,人民出版社 2001 年版,第 352 页。

任何时候、任何情况下都不越界、越轨。"①

二是倡导求真务实、真抓实干的工作作风。在改进干部队伍的领导方法和工作作风上，中国共产党一直倡导求真务实、真抓实干的精神，反对官僚主义和形式主义。毛泽东曾对官僚主义带来的浮夸风气进行批评，"爱讲假话的人，一害人民，二害自己，总是吃亏"，"干劲一定要有，假话一定不可讲"，"有许多假话是上面压出来的。上面'一吹二压三许愿'，使下面很难办"②。邓小平也批判了只追求表面文章，不注重实际的形式主义，提出"说空话、说大话、说假话的恶习必须杜绝"③，并强调"领导者必须多干实事。那种只靠发指示、说空话过日子的坏作风，一定要转变过来"④。江泽民指出，"反对搞浮夸、做表面文章，提倡恪尽职守的勤勉精神、务实精神"，"大兴调查研究之风，狠抓各项任务的落实"⑤，要求领导干部"多挤点时间学习，少搞一点应酬；多做些调查研究，少一些主观主义；多干些实事，少说些空话"⑥。正所谓"空谈误国，实干兴邦"，江泽民指出，需要在全党全社会"大力倡导说实话、办实事、求实效，尽心尽责，坚决反对和抨击做官当老爷、搞

---

① 《深入实施创新驱动发展战略　为振兴老工业基地增添原动力》，《人民日报》2013年9月2日第1版。
② 《毛泽东文集》第八卷，人民出版社1999年版，第50页。
③ 《邓小平文选》第二卷，人民出版社1994年版，第100页。
④ 《邓小平文选》第三卷，人民出版社1993年版，第121页。
⑤ 中共中央文献研究室编：《江泽民论有中国特色社会主义（专题摘编）》，中央文献出版社2002年版，第650页。
⑥ 中共中央文献研究室编：《江泽民论有中国特色社会主义（专题摘编）》，中央文献出版社2002年版，第649页。

第四章
中国共产党对讲信修睦的传承与发展

形式主义、搞花架子的坏作风"①。胡锦涛指出要"不断提高党员、干部求真务实的自觉性"②,要树立正确政绩观,实事求是,"坚持讲真话、办实事、求实效"③。习近平总书记强调:"各级领导干部要以身作则、率先垂范,说到的就要做到,承诺的就要兑现。"④值得注意的是,求真务实还在于敢于承认不足甚至错误,毛泽东便不赞成不顾事实上的困难,只讲"光明、光明、光明"一类的"壮气话",认为"对同志、对战士、对人民,要讲老实话,是则是,非则非"⑤。邓小平提出"承认落后才能克服落后"⑥的观点,如实承认和面对问题,才能克服困难,实现真正的进步,真正让人民相信与认可。

三是建立真诚、平等、团结的新型工作关系。邓小平曾批判旧时代的"尽忠"思想:"下级也不应当对上级阿谀奉承,无原则地服从,'尽忠'。不应当把上下级之间的关系搞成毛泽东同志多次批评过的猫鼠关系,搞成旧社会那种君臣父子关系或帮派关系。"⑦江泽民指出,要"在党内生活中发扬讲真话不讲假话、言行一致的优良作风,支持和保护党员依据党章规定的权利发表意见","领导班子内部,要树立互相信任、互相支持、互相谅解和批评与自我批

---

① 《江泽民文选》第三卷,人民出版社 2006 年版,第 198 页。
② 《胡锦涛文选》第二卷,人民出版社 2016 年版,第 156 页。
③ 《胡锦涛文选》第二卷,人民出版社 2016 年版,第 121 页。
④ 《习近平谈治国理政》第一卷,外文出版社 2018 年版,第 387 页。
⑤ 《毛泽东文集》第三卷,人民出版社 1996 年版,第 259—260 页。
⑥ 《邓小平文选》第二卷,人民出版社 1994 年版,第 181 页。
⑦ 《邓小平文选》第二卷,人民出版社 1994 年版,第 331 页。

评的良好风气"①,这也是真诚信实的革命品质在健全民主集中制、维护党内团结统一上的作用体现。

四是严厉整肃贪污腐败、违法违纪行为。中国共产党自成立以来就十分重视廉洁纪律建设。1932年,瑞金县叶坪村苏维埃政府主席谢步升因贪污、伪造通行证、偷售物资等罪行被查处,毛泽东等人力主严惩,毛泽东指出:"腐败不清除,苏维埃旗帜就打不下去,共产党就会失去威望和民心!与贪污腐化作斗争,是我们共产党人的天职,谁也阻挡不了!"②谢步升最终被依法判处死刑,成为中国共产党反腐枪决的第一人。1951年的"三反"运动对以权谋私的贪污腐败现象予以严厉打击,将一些"位高权重"的老干部清除出了执政队伍,如刘青山、张子善贪污案就是"打老虎"的典型案例。这不仅展示了中国共产党反腐肃贪的决心,也强化了政府诚信,大大增强了人民群众对新政府的信任与信心。

在不同的历史阶段,中国共产党都非常重视党风政风的清正廉洁。邓小平曾指示,像贪污腐败这种丧失民心的行为,"要雷厉风行地抓,要公布于众,要按照法律办事","是一就是一,是二就是二,该怎么处理就怎么处理,一定要取信于民"③。江泽民指出:"群众对领导干部是要听其言、察其行的,你说的是一套,做的是又一

---

① 《江泽民文选》第一卷,人民出版社2006年版,第250—251页。
② 《中共中央在延安:一个马克思主义政党的崛起》,人民出版社、研究出版社2019年版,第192—194页。
③ 《邓小平文选》第三卷,人民出版社1993年版,第297页。

第四章
中国共产党对讲信修睦的传承与发展

套,台上讲反腐败,台下搞不正之风,群众怎么会信任你呢?"①所以,党员干部"必须真正代表人民掌好权、用好权,而绝不允许以权谋私,绝不允许形成既得利益集团"②,对于敢于无视法纪、违法犯罪的干部必须用重典,否则"腐败之风刹不住,也难以服众"③。江泽民强调:"政风廉洁,从来是赢得民心,实现政治清明、社会安定繁荣的重要一环。"④胡锦涛强调要严惩违法违纪的现象:"要坚决纠正查处不力、失之于宽、失之于软的偏向,以实际行动取信于民,使党心民心为之一振。"⑤。习近平总书记强调"要用法治给行政权力定规矩、划界限,规范行政决策程序,健全政府守信践诺机制,提高依法行政水平"⑥,"加快建设职能科学、权责法定、执法严明、公开公正、廉洁高效、守法诚信的法治政府"⑦,从加强法治保障的角度提升政府公信力。

总体而言,中国共产党对党员干部忠诚老实、求真务实、廉洁守纪等革命品格的要求,本质上是忠诚于民的根本立场在党的作风建设上的延伸,在内涵上则融合了马克思主义诚信世界观、政务诚信观,以及讲信修睦思想中的"忠信笃敬""政者,口言之,身必

---

① 中共中央文献研究室编:《江泽民思想年编(1989—2008)》,中央文献出版社2010年版,第186页。
② 《江泽民文选》第三卷,人民出版社2006年版,第280页。
③ 《江泽民文选》第二卷,人民出版社2006年版,第505页。
④ 《江泽民文选》第三卷,人民出版社2006年版,第185页。
⑤ 《胡锦涛文选》第一卷,人民出版社2016年版,第75页。
⑥ 《习近平谈治国理政》第四卷,外文出版社2022年版,第294页。
⑦ 中共中央文献研究室编:《习近平关于社会主义政治建设论述摘编》,中央文献出版社2017年版,第116页。

行之""出言必信"等观点。

第四节　坚持德法兼治的社会诚信建设

除了自身的队伍建设，中国共产党还从道德和法治两个层面，全面推动社会整体的诚信建设，进而促进市场经济的健康发展，营造文明和谐的社会风气。

一、以诚信建设促进经济发展

1978年召开的党的十一届三中全会，决定把经济建设作为党和国家的工作中心，实行改革开放，通过解放和发展社会生产力，使人民摆脱贫困、尽快富裕起来。在推进农村合作经济改革和城市经济体制改革的过程中，邓小平非常重视"诚信效应"。一方面，改革的基本政策一定要长期保持稳定，这是稳定民心、坚定信心的重要保障。邓小平指出，"基本路线要管一百年，动摇不得。只有坚持这条路线，人民才会相信你，拥护你"，"一变就人心不安，人们就会说中央的政策变了"，"即使没有新的主意也可以，就是不要变，不要使人们感到政策变了"[1]。另一方面，实行改革开放、发展

---

[1] 中共中央文献研究室编:《邓小平思想年编（1975—1997）》，中央文献出版社2011年版，第704—705页。

第四章
中国共产党对讲信修睦的传承与发展

市场经济一定要诚实守信,这是提升竞争力的重要条件。1979年,邓小平在中共省、市、自治区委员会第一书记座谈会上强调:"要讲实在的,真正扎扎实实把品种质量抓上去,特别是抓质量。"① 邓小平指出信誉在发展市场经济中的重要性,要求"一切企业事业单位,一切经济活动和行政司法工作,都必须实行信誉高于一切,严格禁止坑害勒索群众"②。1991年,邓小平在视察上海时指出:"只要守信用,按照国际惯例办事,人家首先会把资金投到上海,竞争就要靠这个竞争。"③

在经济快速发展时期,有许多复杂的利益关系及矛盾冲突,需要对与之相适应的规范进行调整,而相关法律法规的完善有时具有滞后性,许多社会问题的"导火索"都在于诚信缺失引发的市场失序、社会失范,因此,国家也将推进诚信的道德建设和制度建设提上日程。2000年11月,江泽民在中央经济工作会议上强调:"没有信用,就没有秩序,市场经济就不可能健康发展。要在全社会强化信用意识,加强公民诚实守信的道德教育。"④ 2020年2月,习近平总书记在中央全面依法治国委员会第三次会议上指出:"要坚持依法治国和以德治国相结合,把社会主义核心价值观融入法治建设,完善诚信建设长效机制,加大对公德失范、诚信缺失等行为惩处力度,

---

① 《邓小平文选》第二卷,人民出版社1993年版,第202页。
② 《邓小平文选》第三卷,人民出版社1993年版,第145页。
③ 《邓小平文选》第三卷,人民出版社1993年版,第366页。
④ 中共中央文献研究室编:《十五大以来重要文献选编》中,人民出版社2001年版,第579页。

努力形成良好的社会风尚和社会秩序。"①

二、社会主义市场经济条件下的诚信道德建设

我国在着力推进经济建设的过程中,也出现了急遽发展带来的一些社会问题。邓小平指出:"实行开放政策必然会带来一些坏的东西,影响我们的人民。"②"风气如果坏下去,经济搞成功又有什么意义?会在另一方面变质,反过来影响整个经济变质,发展下去会形成贪污、盗窃、贿赂横行的世界。"③因此,邓小平提出建设社会主义国家,不但要有高度的物质文明,而且要有高度的精神文明,"所谓精神文明,不但是指教育、科学、文化(这是完全必要的),而且是指共产主义的思想、理想、信念、道德、纪律,革命的立场和原则,人与人的同志式关系,等等"④。邓小平指出,精神文明建设首先要着眼于党风和社会风气的根本好转,端正党风是端正社会风气的关键,各级党员干部应以身作则,对照党章开展自我批评和相互批评,必要时采取纪律措施。邓小平强调,可以用法律和教育两个手段来协助解决改善社会风气的问题。邓小平强调:"廉政建设

---

① 《习近平主持召开中央全面依法治国委员会第三次会议强调　全面提高依法防控依法治理能力　为疫情防控提供有力法治保障》,《人民日报》2020年2月6日第1版。
② 《邓小平文选》第三卷,人民出版社1993年版,第156页。
③ 《邓小平文选》第三卷,人民出版社1993年版,第154页。
④ 《邓小平文选》第二卷,人民出版社1994年版,第367页。

第四章
中国共产党对讲信修睦的传承与发展

要作为大事来抓。还是要靠法制，搞法制靠得住些。"① 在改善社会风气方面，邓小平强调要从教育入手，如"坚持五讲四美三热爱，教育全国人民做到有理想、有道德、有文化、有纪律"等②。1982年，党的十二大作出在建设物质文明的同时努力建设社会主义精神文明的战略决策。1986年9月，党的十二届六中全会审议通过《中共中央关于社会主义精神文明建设指导方针的决议》，将"诚实守信"纳入鼓励发扬的社会主义道德风尚。

江泽民将思想道德建设纳入社会主义精神文明建设的重要组成部分。1996年，党的十四届六中全会审议通过《中共中央关于加强社会主义精神文明建设若干重要问题的决议》，将"诚实守信"纳入职业道德的范畴，并强调"当前要以加强职业道德建设、纠正行业不正之风为重点"。2001年9月，中共中央印发《公民道德建设实施纲要》，将"明礼诚信"列入公民的基本道德规范，将"诚实守信"列为职业道德的内容之一，这与社会主义市场经济深化发展对完善社会道德体系的需求是相互呼应的。江泽民在党的十六大报告中指出要"以诚实守信为重点"，认真贯彻公民道德建设实施纲要，加强社会公德、职业道德和家庭美德教育③，进一步加强了对诚信建设的重视。

2005年2月，胡锦涛在省部级主要领导干部提高构建社会主义和谐社会能力专题研讨班上详细阐述了构建社会主义和谐社会的

---

① 《邓小平文选》第三卷，人民出版社1993年版，第379页。
② 《邓小平文选》第三卷，人民出版社1993年版，第110页。
③ 《江泽民文选》第三卷，人民出版社2006年版，第560页。

主要内容，其中便包括"诚信友爱"，具体来说就是"全社会互帮互助、诚实守信，全体人民平等友爱、融洽相处"[①]。2006年3月，胡锦涛提出要树立社会主义荣辱观，在全社会倡导包括诚信在内的道德规范，加强政务诚信、商务诚信、社会诚信建设，增强全社会诚实守信意识。社会主义荣辱观中的"以诚实守信为荣、以见利忘义为耻"，既体现了"信合乎义"的传统文化思想，也反映了市场经济建设中因见利忘义而出现的失范问题。2022年10月，习近平总书记在党的二十大报告中指出："实施公民道德建设工程，弘扬中华传统美德，加强家庭家教家风建设，加强和改进未成年人思想道德建设，推动明大德、守公德、严私德，提高人民道德水准和文明素养。"[②]

从2007年开始，中央宣传部、中央精神文明建设办公室、全国总工会、共青团中央、全国妇联、中央军委政治工作部等部门联合开展全国道德模范评选表彰活动，该评选每两年进行一次，共分为"助人为乐模范""见义勇为模范""诚实守信模范""敬业奉献模范""孝老爱亲模范"五大类别。2023年11月，第九届全国道德模范评选表彰活动正式启动，在已完成的八届全国道德模范评选表彰活动中，共评选出全国道德模范462名，其中诚实守信模范84名。全国道德模范评选表彰活动在整个社会引起广泛关注和强

[①]《胡锦涛文选》第二卷，人民出版社2016年版，第285页。
[②] 习近平：《高举中国特色社会主义伟大旗帜 为全面建设社会主义现代化国家而团结奋斗——在中国共产党第二十次全国代表大会上的报告》，《人民日报》2022年10月26日第1版。

第四章
中国共产党对讲信修睦的传承与发展

烈反响,在感召群众、弘扬美德和营造良好的社会风尚等方面具有积极意义和作用。

弘扬社会主义核心价值观,要认真汲取中华优秀传统文化的思想精华和道德精髓,深入挖掘和阐发中华优秀传统文化讲仁爱、重民本、守诚信、崇正义、尚和合、求大同的时代价值。"诚信"与中华文化所强调的"讲信修睦""言必信,行必果""人而无信,不知其可也"等思想理念一脉相承,将其作为社会主义核心价值观的重要构成进行提倡与培育,有利于人们从历史文化认同及日常行为规范养成等各个层面整体地提升诚信意识和道德素养,对促进人的全面发展、引领社会全面进步具有重要意义。

三、诚信建设纳入制度化进程:构建社会信用体系

在诚信的制度建设方面,1987年施行的《中华人民共和国民法通则》第4条规定:民事活动应当遵循自愿、公平、等价有偿、诚实信用的原则。《合同法》《消费者权益保护法》《反不正当竞争法》等,都将诚实信用原则作为基本原则。《公司法》《证券法》对于制作虚假招股说明书、上市中的虚假陈述等都进行了法律责任规定。

2002年1月,深圳市正式实施《深圳市个人信用征信及信用评级管理办法》,规范个人信用征信及评级活动,防范信用风险。上海、北京、广州等多个城市推进个人信用体系建设。2003年10月,党的十六届三中全会审议通过《中共中央关于完善社会主义市场经济体制若干问题的决定》,首次提出建立健全社会信用体系。该决

定还提到，社会信用制度是规范市场经济秩序的治本之策，应增强全社会的信用意识，政府、企事业单位和个人都要把诚实守信作为基本行为准则，要加快建设企业和个人信用服务体系，建立信用监督和失信惩戒制度，逐步开放信用服务市场。2003年11月，中国人民银行成立征信管理局，负责统领我国社会信用体系建设。2007年，国务院社会信用体系建设部际联席会议制度建立，负责统筹推进社会信用体系建设的各项工作。

党的十八大以来，以习近平同志为核心的党中央将全面依法治国纳入"四个全面"战略布局。在全面推进依法治国的过程中，坚持依法治国和以德治国相结合，持续推进诚信制度化建设。习近平总书记指出："既要抓紧建立覆盖全社会的征信系统，又要完善守法诚信褒奖机制和违法失信惩戒机制，使人不敢失信、不能失信。对见利忘义、制假售假的违法行为，要加大执法力度，让败德违法者受到惩治、付出代价。"[①]"公有制企业也好，非公有制企业也好，各类企业都要把守法诚信作为安身立命之本，依法经营、依法治企、依法维权。"[②]此外，还要推进诚信建设和志愿服务制度化，"强化社会责任意识、规则意识、奉献意识"[③]。2014年10月，党的十八届四中全会审议通过《中共中央关于全面推进依法治国若干重大问题的决定》，明确了依法治国的目标、原则、要求和计划等，

---

① 《习近平谈治国理政》第二卷，外文出版社2017年版，第134—135页。
② 《习近平谈治国理政》第二卷，外文出版社2017年版，第265页。
③ 《习近平谈治国理政》第三卷，外文出版社2020年版，第34页。

第四章
中国共产党对讲信修睦的传承与发展

提出要"加快建设守法诚信的法治政府","加强社会诚信建设,健全公民和组织守法信用记录,完善守法诚信褒奖机制和违法失信行为惩戒机制"。

2014年6月,国务院印发《社会信用体系建设规划纲要(2014—2020年)》,从建设总体思路、重点建设领域等方面对我国社会信用体系建设进行了系统的部署,我国社会信用体系建设进入有规划的实质性推进阶段,并与市场信用体系形成相互补充、良性互动的关系。例如,从2015开始实施、建立统一社会信用代码制度,整合法人和其他组织的金融、工商、税务、社保、违法违章等信息,实现信用信息资源共享;依托全国信用信息共享平台,实现全国范围内的社会信用信息归集共享;加快研究、制定相关的法律法规,《中华人民共和国社会信用体系建设法(向社会公开征求意见稿)》已于2022年年底正式对外发布;从2015年开始组织创建,至2021年10月已公布推出三批全国创建社会信用体系建设示范城市;各种市场化的社会信用服务体系建设也在不断完善。

总的来说,在市场经济建设过程中暴露的失信问题,使国家加强了对精神文明建设、诚信建设的重视,不仅在经济领域,更在整个社会范围,从"制度"与"道德"两个方面双管齐下推进公民的诚信建设工作。值得注意的是,在法治精神的融入及法治思维的指导下,我国的社会信用体系建设已经从道德要求、政策引导逐步迈向制度化、规范化的体系化发展阶段,其中既有对马克思主义经济诚信观的吸收与借鉴,也是对"以法促信"思想的探索与实践。

第五节　坚持平等互信的外交理念

在对外交往方面,马克思、恩格斯主张应在各民族国家独立统一的前提下发展国际合作关系;讲信修睦思想中也有丰富的外交理念,如"结之以信""厚和构四国以顺貌德"等。中国共产党在坚持马克思主义立场、观点、方法的基础上,准确把握国内外环境特征和世界发展大势,吸收中华优秀传统文化中的精华,创造性地将讲信修睦思想运用在外交事务上,并形成了"和平共处五项原则""亲诚惠容周边外交理念"等思想成果。

一、坚持平等、和平、诚信的外交原则

中华文明根植于历史悠久的农耕文明,有着安土重迁、崇尚和平的文化内核。马克思、恩格斯的共产主义理想,也是实现全人类的解放与自由,实现永久的和平。中华人民共和国成立以来,始终坚持独立自主的和平外交的政策。毛泽东指出,"为了和平和建设的利益,我们愿意和世界上一切国家,包括美国在内,建立友好关系"[1],"我们愿意用和平的方法来解决存在的问题"[2]。真正的和平是建立在平等、正义的基础之上的。毛泽东指出:"不论大国小国,互相之间都应该是平等的、民主的、友好的和互助互利的关系,而不

---

[1]《毛泽东外交文选》,中央文献出版社、世界知识出版社1994年版,第246页。
[2]《毛泽东外交文选》,中央文献出版社、世界知识出版社1994年版,第210页。

第四章
中国共产党对讲信修睦的传承与发展

是不平等的和互相损害的关系。"① 毛泽东还就和平与战争的关系发表见解，表明中国赞成和平，不赞成战争，"但是，对被压迫人民的反对帝国主义的战争我们是支持的"②。邓小平指出："中国现在属于第三世界，将来发展富强起来，仍然属于第三世界。中国和所有第三世界国家的命运是共同的。中国永远不会称霸，永远不会欺负别人，永远站在第三世界一边。"③

在平等、和平的共识下，中国在与其他国家发展外交关系时，尤为注重以诚信相交。毛泽东指出，应当把五项原则推广到所有国家的关系中去，"如果一个国家说了不做，那末就有理由来指责它，它在人们眼中就输了理"④。1955年，毛泽东在接见泰国经济文化代表团时指出，"中国并没有什么秘密，我们不是当面一套，背后另一套，我们只有一套，没有两套"，"你和我们接触再多一些，时间久些，也就可以了解到"⑤。1982年，邓小平在会见联合国秘书长德奎利亚尔时指出，"中国是联合国安全理事会的常任理事国，中国理解自己的责任。有两条大家是信得过的，一条是坚持原则，一条是讲话算数。我们不搞政治游戏，不搞语言游戏"，"所以，国际上许多朋友都信任我们"⑥。邓小平指出："国家之间、人民之间的合作和

---

① 《毛泽东外交文选》，中央文献出版社、世界知识出版社1994年版，第192页。
② 《毛泽东外交文选》，中央文献出版社、世界知识出版社1994年版，第530页。
③ 《邓小平文选》第三卷，人民出版社1993年版，第56页。
④ 《毛泽东外交文选》，中央文献出版社、世界知识出版社1994年版，第165页。
⑤ 《毛泽东外交文选》，中央文献出版社、世界知识出版社1994年版，第228—229页。
⑥ 《邓小平文选》第二卷，人民出版社1994年版，第415页。

读懂讲信修睦

友谊,只能建立在真诚、谅解、尊重各自地位和立场的基础上;虚伪、言行不一、抛弃原则,甚至出卖灵魂,是不可能得到尊重和信任的,更不可能得到友谊的。"[1]江泽民强调:"中华民族自古就有以诚为本、以和为贵、以信为先的优良传统。中国在处理国际关系时始终遵循这一价值观。中国对外政策的宗旨是维护世界和平、促进共同发展。"[2]胡锦涛强调:"人与人要成为朋友,前提是互信;国与国关系要稳定,基础也在于互信。"[3]2014年,习近平主席在韩国媒体发表署名文章指出:"'信'在东方价值观中具有重要地位,'无信不立'是中韩两国人民共同恪守的理念。中韩以信相交,确保了两国关系长期健康发展的牢固基础。"[4]

中国通过外交谈判成功解决香港问题,也充分体现了诚信的价值和力量。1982年,邓小平提出用"一国两制"的方案收回香港主权。中英双方经过多轮外交会谈后达成共识,于1984年签署协议。1984年,邓小平会见英国首相撒切尔夫人时表示,中国会始终如一地执行就香港问题达成的协议内容,"我们不仅要告诉阁下和在座的英国朋友,也要告诉全世界的人:中国是信守自己的诺言的。"[5]在会见港澳同胞国庆观礼团时,邓小平强调,"联合声明确定的内

---

[1] 中共中央文献研究室编:《邓小平思想年编(1975—1997)》,中央文献出版社2011年版,第189页。

[2] 《江泽民文选》第三卷,人民出版社2006年版,第522页。

[3] 中共中央文献研究室编:《十七大以来重要文献选编》上,中央文献出版社2009年版,第397页。

[4] 《习近平在韩国媒体发表署名文章》,《人民日报》2014年7月4日第2版。

[5] 《邓小平文选》第三卷,人民出版社1993年版,第102页。

第四章
中国共产党对讲信修睦的传承与发展

容肯定是不会变的","讲信义是我们民族的传统,不是我们这一代才有的。这也体现出我们古老大国的风度,泱泱大国嘛"①。同年,在回顾香港问题的解决过程时,邓小平总结道:"并不是我们参加谈判的人有特殊的本领,主要是我们这个国家这几年发展起来了,是个兴旺发达的国家,有力量的国家,而且是个值得信任的国家,我们是讲信用的,我们说话是算数的。"②

除了在发展与各国外交关系中强调互信的重要性,中国在应对全球性问题时也表现出了大国担当和"言必信、行必果"的国际信用。例如,在应对全球气候变化方面,中国通过发展清洁能源、大力推行节能减排等举措,履行达到碳排放目标的承诺。2023年12月,《联合国气候变化框架公约》第二十八次缔约方大会对《巴黎协定》进行生效后的首次全球盘点,国际能源署署长法提赫·比罗尔表示,中国不仅在国内开展了出色工作,还在发展清洁能源技术和降低技术成本方面为世界其他国家作出了重要贡献。

二、坚持互信互利,践行亲诚惠容,推动构建人类命运共同体

在延续和平、诚信外交的基础上,中国进一步探索互信互利、平等协商、共同发展的国际合作方式。

2002年,江泽民在上海合作组织圣彼得堡峰会上提出"以互信

---

① 《邓小平文选》第三卷,人民出版社1993年版,第72—73页。
② 《邓小平文选》第三卷,人民出版社1993年版,第85页。

读懂讲信修睦

为安全之本"。"互信就是以诚相待,言而有信,就是必须遵守应尽的国际条约和义务,遵循公认的国际法准则。互信意味着以合作求安全,通过友好协商和平解决争端。"江泽民还指出,要承认并尊重世界的多样性,文明背景不同的国家和民族可以而且应该和睦相处,在国际关系中应该遵循平等协商、求同存异的原则。在经济全球化加快发展的背景下,各国更需要按照平等互利的原则共同探讨有效解决全球性问题的途径[①]。

胡锦涛提出"构建和谐世界"的外交理念,在遵循联合国宪章宗旨和原则、恪守国际法和公认国际关系准则的基础上,"在国际关系中弘扬民主、和睦、协作、共赢精神","推动建设持久和平、共同繁荣的和谐世界"[②]。

习近平总书记在继承和弘扬党的对外工作和外交传统的基础上,深刻把握新时代中国和世界发展大势,创造性地提出亲诚惠容的周边外交理念。2013 年,习近平总书记在周边外交工作座谈会上指出:"我国周边外交的基本方针,就是坚持与邻为善、以邻为伴,坚持睦邻、安邻、富邻,突出体现亲、诚、惠、容的理念。"[③] 同年,习近平主席在印度尼西亚国会的演讲中明确提出:"坚持讲信修睦。人与人

---

① 中共中央文献研究室编:《江泽民思想年编(1989—2008)》,中央文献出版社 2010 年版,第 605 页。
②《胡锦涛文选》第二卷,人民出版社 2016 年版,第 650 页。
③《习近平在周边外交工作座谈会上发表重要讲话强调 为我国发展争取良好周边环境 推动我国发展更多惠及周边国家》,《人民日报》2013 年 10 月 26 日第 1 版。

第四章
中国共产党对讲信修睦的传承与发展

交往在于言而有信，国与国相处讲究诚信为本。"① 2014年，习近平主席在和平共处五项原则发表60周年纪念大会上指出："中国坚持按照亲、诚、惠、容的理念，深化同周边国家的互利合作，努力使自身发展更好惠及周边国家。"②

习近平主席还提出构建人类命运共同体理念。2013年3月，习近平主席在俄罗斯莫斯科国际关系学院发表演讲指出，这个世界，各国相互联系、相互依存的程度正空前加深，人类生活在同一个地球村里，"越来越成为你中有我、我中有你的命运共同体"，"各国应该共同推动建立以合作共赢为核心的新型国际关系"③。2017年，"构建人类命运共同体"首次载入联合国决议。

共建"一带一路"是中国提出的开放包容、互利共赢的国际合作模式。2013年9月和10月，习近平主席在出访哈萨克斯坦和印度尼西亚时，先后提出了共建"丝绸之路经济带"和"21世纪海上丝绸之路"的重大倡议。2013年11月，"一带一路"建设被写入党的十八届三中全会决议，旨在共同打造政治互信、经济融合、文化包容的利益共同体、命运共同体和责任共同体。至2023年"一带一路"倡议提出10周年之际，"一带一路"合作从亚欧大陆延伸到非洲和拉美，签署合作文件的有150多个国家、30多个国际组织，成立了20多个专业领域多边合作平台，涵盖贸易、科技、社会、人文、民生等多个领域，建设了蒙内铁路、中老铁路、雅万高铁等

---

① 《习近平谈治国理政》第一卷，外文出版社2018年版，第292页。
② 《习近平外交演讲集》第一卷，中央文献出版社2022年版，第157页。
③ 《习近平外交演讲集》第一卷，中央文献出版社2022年版，第2页。

读懂讲信修睦

基础设施项目，推动了普遍而广泛的国际合作。共建"一带一路"倡议，是讲信修睦思想在国际合作上的运用，它跨越不同文明、文化、社会制度、发展阶段差异，开辟了各国交往的新路径，也为开展更加广泛的合作、推动构建人类命运共同体打下了基础。正如2021年习近平主席在第六届东方经济论坛全会开幕式上所指出的："中国已经开启全面建设社会主义现代化国家新征程。我们愿同各方一道努力，秉持真正的多边主义，讲信修睦，合作共赢，向着推动构建人类命运共同体的目标稳步迈进。"[1]

相互尊重、求同存异、合作共赢，构建人类命运共同体，这一发展理念可谓是从传统的讲信修睦、天下大同等思想发轫，受马克思主义"真正的共同体"等思想指导、启发，结合世界多极化、经济全球化的现状及相关难题，为人类未来的发展提出了中国方案。中国在国际事务上秉承的外交理念，既是对"以诚信修大睦"的诠释，也是对"美美与共，天下大同"理想的探索与实践。

---

[1]《习近平外交演讲集》第二卷，中央文献出版社2022年版，第368页。